МИКОЛА СЦІБОРСЬКИЙ

НАЦІОКРАТІЯ

Націократія

Микола Сціборський

Націократія — альтернативна суспільно-політична доктрина і концепція державного режиму, за якого управління здійснюється через представницькі органи державної влади, організовані на основі солідарної праці всіх соціально-корисних верств нації як найбільш оптимальної форми людського соціуму. Основні принципи націократії були розроблені членом Проводу і ідеологом ОУН полковником Миколою Сціборським і викладені ним у однойменному творі, який вийшов друком у 1935 р. в Парижі. Сціборський окреслив також попередні етапи, які мають передувати встановленню націократії (національна революція та національна диктатура). Подальшого розвитку теорія націократії набула у роботах ідеологічних референтур Всеукраїнського політичного об'єднання «Державна самостійність України», Соціал-Національної партії України, громадської організації «Патріот України» та Соціал-Національної Асамблеї.

ISBN: 978-1-914337-88-8

www.svarog.nl

МИКОЛА СЦІБОРСЬКИЙ

НАЦІОКРАТІЯ

✳ SVAROG BOOKS

ЗМІСТ

Передмова   1

I. Демократія   3
II. Соціалізм   46
III. Комунізм   62
IV. Фашизм   105
V. Диктатура   121
VI. Націократія   137

  1. Ідеологічні підстави нації   138
  2. Сутність і завдання держави   146
  3. Суспільно-виробнича структура нації   155
  4. Соціально-економічні підстави націократії   164
  5. Державний синдикалізм   175
  6. Національна диктатура   185
  7. Постійний державний лад   194

ПЕРЕДМОВА

Основною темою цієї нашої розвідки є націократія, тобто концепція державно-політичного й соціально-економічного устрою, що її сповідує сучасний організований український націоналізм.

Для кращого пояснення ідеологічно-програмових засад націократії та її відмінностей від інших політичних концепцій - вважали ми за краще спинитися також над коротким переглядом питань демократії, соціалізму, комунізму, фашизму й диктатури, що передують у цьому збірникові основній темі про націократію.

Працю свою рекомендуємо, насамперед, увазі провідних націоналістичних кадрів. Обмежений розмір цієї книжки примусив нас надати розвідці схематичний характер, проте, сподіваємося, що й у такій обробці вона дає відповідь на ряд актуальних для українського націоналізму питань.

Микола Сціборський,
1935 рік, Париж

МИКОЛА СЦІБОРСЬКИЙ

I. ДЕМОКРАТІЯ

Нашу сучасність позначають політико-економічні потрясіння, суспільні антагонізми, занепад старих форм існування й маразм. Політики й теоретики всіх цивілізованих країн роками зайняті проблемами так званої світової кризи. Одні з них бачать у цій кризі насамперед політичні причини, другі - економічні, ще інші - психологічні і т.д. Ми гадаємо, що всі ці погляди небезпідставні, але жодний із них не з'ясовує й не дає роз'яснює згаданих проблем в цілому. Бо в дійсності, всі хворобливі явища сучасності - це лише часткові наслідки загальної кризи всього історичного циклу нашої доби та його світогляду.

Одним із найголовніших апостолів цього світогляду, що його прийнято називати індивідуалістично-гуманістичним, або ліберальним - був Ж. Ж. Руссо. а тією силою, що практично висунула його на кін життя - стала Велика французька революція. Як відомо, основна концепція ліберального світогляду полягала в твердженні Ж. Ж. Русса, що по своїй природі людина є уособленням добра й досконалості, але її «псують» творені державою суспільні приписи й закони.

З цієї концепції створилася теорія невтручання держави в громадські взаємовідносини, що мали самі регулюватися «вільною грою» суспільних сил для загального добра. Ліберальний світогляд створив у політичному плані - демократію, а в економічному плані - капіталізм.

Опановуючи духовне, суспільне й господарське життя, він змінив існуючі в тій добі погляди на людину й на її відносини з державою, та вплинув на створення нових політичних порядків. Порядки феодалізму й станової монархії - що передували французькій революції - трактували людину за об'єкт (предмет) панування над нею державної влади. Людина не мала власних - випливаючих з її внутрішньої й громадської особистості - прав. Ці права вона набувала тільки з волі й за згодою володаря держави - монарха. Монарх (король, пануючий князь і т.д.) був єдиним сувереном і джерелом усіх прав; від його волі залежало виділяти якусь частину цих прав окремим особам чи суспільним станам (звідси походить: «монарша ласка», «королівські привілеї», «царська даровизна» і т.д.). Повноту й неподільність монаршого суверенітету якнайповніше окреслили королі Франції відомою формулою: «Le roi - c'est moi!» («Держава - це я!»).

Ліберальний світогляд і проголошена під час французької революції «Декларація прав людини й громадянина» цілком перевертали ці старі поняття й теорії. Вони відштовхувались від визнання за людською особистістю власних, абсолютних, незалежних прав і

цінностей, що визначались самим фактом її народ-
ження (свобода). Продовженням цієї основної ідеї
лібералізму було визнання людини не за об'єкта за
суб'єкт (підмет) права, що повинно виходити з одна-
кових для всіх громадян засад (рівність). Особиста
свобода й рівні громадські права людей допускали
обмеження тільки у сферах, що були необхідні для
організації суспільного співжиття на засадах згоди,
єдності й загального прогресу (братерство). Так ство-
рено було відомі класичні принципи лібералізму: «сво-
бода, рівність, братерство».

Нові теорії перенесли поняття суверенності на
цілий народ (націю), як той суспільний збір, що скла-
дається з наділених усіма політичними правами грома-
дян. Окремий громадянин ставав таким чином наче
частковим носієм суверенного права цілого народу.
Впродовж XIX ст. ці ідеї особистої і громадської
свободи набирали все більшого визнання й поширення
- оформлюючись в потужний рух лібералізму. Під
впливом останнього, відбулася перебудова державних
устроїв майже всіх цивілізованих країн світу - опира-
ючись на засади демократії. В процесі розвитку
суспільно- господарського життя, нових соціальних
класів і політичних партій - демократичні форми
державних устроїв дійшли до свого кінцевого оформ-
лення у вигляді режиму парламентської демократії.

Устрій парламентської демократії виходив із
наступних засад:

1. Визнання самоцінності людини та її рівності з
іншими людьми.

2. Наділення її всією повнотою особистої свободи

й громадських прав, обмежуваних тільки для загальних суспільних інтересів. Визнання цілого народу (нації) за єдиного носія державного суверенітету; носія - якому належить виключне право керувати своїм політичним, суспільним і господарським життям.

3. Організації державного керування на підставі основних законів (так звана конституція) і за допомогою органів (парламентів), обраних народом на підставі чотиричленної формули виборчого права: загального, рівного, безпосереднього і таємного голосування (цю виборчу формулу в публіцистиці іноді називають «чотири-хвісткою»).

Проте, до ідеї народного представництва на підставі загального голосування й до способів його організації, політична думка дійшла не зразу. Ще французьке «Національне Зібрання», в червневі дні 1789 року, не знало, як практично оформити цю ідею, хоч стояло до неї вже дуже близько. В славнозвісній «Декларації прав людини й громадянина» (статті 3, 6,12) читаємо такі формулювання ідеї народного представництва:

«Засада всякого суверенітету лежить в істоті своїй на Нації. Ні одна корпорація і ні один індивід не може здійснювати владу, що не походить від Нації».

«Закон - це вираз загальної волі. Всі громадяни мають право брати участь особисто чи через своїх представників утворенні закону».

«Публічна влада встановлена в інтересах усіх, а не для часткової користі тих, кому вона довірена».

Характерні формули, що стосуються до народного

представництва, зустрічаємо й у перших трьох статтях французької конституції 1791 року:

«Суверенітет є єдиний, неподільний, невід'ємний і незнищенний. Він належить Нації; ні одна частина народу, ні один індивід не може присвоїти собі здійснення суверенітету».

«Нація, від якої єдино випливають всі влади, може їх здійснювати тільки через делегацію».

«Законодавча влада делегується Національному Зібранню, що складається з представників - вільно обраних народом».

В цих декларативних і конституційних формулах виразно визначається ідея загального виборчого права, але реалізувати його практично французька революція не спромоглася. Наступним етапом на цьому шляху була революція 1848 року, коли під впливом «батька загального виборчого права» Ледрю-Ролена було проголошено, що «виборче право буде прямим і загальним, без якого-небудь цензу». Коли «Декларація прав людини й громадянина» висунула ідею народного представництва - то декрет 5 березня 1848 року конкретизував ідею загального, рівного, прямого й таємного голосування, і саме тому правники надають йому історичного значення в розвитку демократії. Своє повне завершення виборче право знайшло на зламі XIX-XX ст. і особливо після закінчення останнього року [Першої] світової війни, коли була проведена Версальська реконструкція нової Європи.

Теоретичний зміст демократії і та суспільна місія, яку вона на себе перебрала: її живі ідеї, що були таким контрастом до мертвої схоластики старої доби -

давали її творцям і сучасникам надії, що вона стане чинником небувалого прогресу й спроможеться витворити найбільш наближені до ідеальної досконалості устроєво-політичної форми.

Ще донедавна такі погляди на творчу місію демократії були настільки поширеними, що навіть критичний підхід до її теорій вважався в суспільній думці за ознаку «некультурності» або оберненої проти народніх інтересів «реакційності»... Та ця віра в демократію не виправдалася. Вже перед світовою війною 1914-18 рр. лібералізм - як світогляд і демократія - як політична система, опинилися у важкій кризі. Період після [Першої] світової війни з одного боку, ззовні позначився найбільшими успіхами демократії, але саме в цьому часі вона ввійшла у найбільш важку стадію своєї внутрішньої кризи. Кожен новий рік завдавав їй все нові удари й потрясіння. Формально, пануючи на всіх континентах і спираючись на найбільші світові потуги - вона, тим не менш, усе більше втрачала на своїй силі і впливах.

На кін життя з'явилися нові - раніше незнані - політичні ідеї й устрої (комунізм, фашизм, націонал-соціалізм), загальною ознакою яких є їх непримирима ворожість до ідей і системи демократії. Під впливом систематичних невдач демократії, значна частина світової думки, що вірила раніше в не помилковість її теорій і рецептів, почала відвертатися від неї - вбачаючи саме в ній джерело загальної кризи, що роками трясе світ. Нова фаза сучасної [Другої світової] війни, що виявилася в блискавичному розгромі низки демократичних держав (зокрема остої демократії - Франції) під ударами Німеччини - поставили демократію вже в катастрофічну ситуацію!

Наша доба визначається великими катаклізмами. Втративши попередні шляхи своїх прямувань, людство намагається віднайти нові в буревії боротьби, нових ідей і суспільних реформ. Йде переоцінка всіх тих цінностей, що донедавна були вічними й непорушними. Ці революційні процеси вдаряють у демократію розхитуючи її основи.

Для розуміння кризи демократії, треба ближче розглянути ті умови, з яких вона історично вийшла й серед яких розвивалася. Ми вже згадували, що її колискою була Велика французька революція.

Ця остання була викликана не лише дефектами устрою старої абсолютистської монархії, помилками її політики, але насамперед органічними змінами структури тогочасного суспільства й господарських відносин. В ті часи вже оформилися нові суспільні верстви, що - набираючи все більшої політичної й господарської ваги в державі - не могли надалі погоджуватися з існуванням перестарілого режиму і з пануванням його родової аристократії, що в той час вже втрачала своє колишнє значення конструктивного суспільного фактора. Ускладнення господарських відносин також вимагало ґрунтовних змін виробничих умов, що вже не вкладалися в старі форми.

Всі ці обставини, після низки революційних катаклізмів і вибухів упродовж XIX ст. створили в площині суспільно-устроєву - політичну демократію, а в господарській - економічний лібералізм, необхідний для розвитку нових форм капіталістичного виробництва. На політичну демократію, економічний лібералізм й капіталізм сперлася вся ідейна й устроєва система доби XIX і початку XX ст.

В ділянці суспільно-політичній, демократія своєю молодою енергією й творчим запалом швидко полонила життя, збагативши його справді епохальними вкладами культурного й цивілізаційного поступу. В ділянці господарській - капіталізм створив блискучу еру матеріально-технічного прогресу. Опертий на повні життєвої ініціативи нові суспільні стани, використовуючи технічні винаходи й удосконалення - капіталізм все більше поширював свою експансію, будуючи нові форми матеріального й цивілізаційного життя. Це була справді щаслива весна розвитку демократично-капіталістичної системи!

Проте вже в другій половині кінця минулого століття, демократія зазнала перших перешкод на безжурному шляху свого розвитку. Насамперед, викрились суперечності між її ідейними засадами «свободи, рівності, братерства» і реальним укладом суспільно-господарських відносин, що їх вона витворювала своїм устроєм. Поступ політичної демократії йшов у парі з поширенням нової форми господарського виробництва - капіталізму.

В цьому сполученні демократії й капіталізму не було нічого випадкового, бо обидві ці форми політико- економічного устрою були між собою тісно зв'язані й себе взаємно доповнювали, як іманентні явища.

Капіталізм, що зумовлював свободу господарської діяльності (так званий економічний лібералізм) не міг існувати в часах старого феодального устрою, з його зв'язаним характером натурального господарства, привілеями, замкненими й регульованими реміснечими цехами і т.д. Демократія, скасувавши формальну нерівноправність людей перед законом, знищивши станові та інші привілеї й побудувавши свою економічну систему на вільній конкуруючій грі вільних суспільних сил - розкрила перед капіталізмом безмежне поле діяльності!

Отже, існування капіталізму було б неможливим без демократії; з другого боку, й сама демократія джерело своїх розвиткових сил знаходила в капіталістичній системі виробництва. Розвиток її був би утруднений, а то й неможливий, без зросту культурного рівня народних мас, без загального поступу й технічної цивілізації, а проголошені нею засади правної, особистої й суспільної свободи вимагали існування такої господарської бази, на якій ці засади могли б реалізуватися й матеріально.

Цим вимогам демократії, як здавалося, цілком відповідав капіталістичний устрій. Але, згодом сталося так, що це органічне об'єднання фатально відбилося на демократії й стало джерелом її суперечностей та перманентних криз.

Доля демократії й капіталізму так тісно зв'язані, що необхідно окремо спинитися над еволюцією історичного розвитку капіталістичного устрою, бо без її розуміння годі правильно зрозуміти й механіку тих суспільних процесів, що остаточно поставили демократію над прірвою катастрофи.

Капіталістичний устрій - подібно, як і інші господарські системи, що йому передували - є категорією історичною. В історичному процесі економічного розвитку, капіталізм у його сучасних формах - це лише одне з посередніх кілець єдиного ланцюга спрямованої в майбутнє еволюції. Прийдешні форми цієї еволюції важко збагнути, але вона сама по собі є доказом закону постійної змінюваности, що іманентна самому життю.

Доба капіталізму почалась приблизно півтора століття тому. Економічними побудниками народження капіталізму були, з одного боку- розклад феодально-кріпацького господарства, а з другого - старість цехово-ремісничого устрою, що перестав відповідати зростаючій швидкості торговельного обміну. Безпосереднім фактором історичної актуалізації капіталізму була нова ера текстильно-машинової продукції в Англії (так зване «манчестерство»). Діяльність нових господарських сил йшла в парі з корінними суспільно-політичними змінами. Знесилений, спочатку боротьбою проти абсолютистської монархії, а пізніше за цю монархію - старий керівний феодальний стан зазнавав усе глибшого розкладу, як суспільний фактор і здавав позицію за позицією новому чинникові - буржуазії, зродженій зміненими суспільними й економічними умовами.

З французькою революцією зродилися гасла економічного лібералізму (цебто нічим необмежуваної свободи господарської діяльности), що швидко перетворилися в ідеологічну базу для розвитку так званої машинної ери. З того часу одне технічне відкриття слідувало за другим, даючи молодому капіталізмові все нові стимули для творчого розвитку. Етапи розвитку капіталізму, яким людство має завдячувати сучасний рівень цивілізації, можна звести до наступних:

1. Розвиток текстильної промисловості (почався в 80-х рр. XVIII ст.).

2. Ера машинної продукції (початок її датується 1805 р.).

3. Відкриття залізничної комунікації й транспорту (1832 р.).

4. Ера вугілля, хімії й електрики (з 1870 р.).

5. Доба електрики високої напруги (1885 рік).

6. Доба автомобільного й авіаційного мотора й радіо (початок 1905 р.).

Кожен з цих етапів давав капіталізму нові розгінні поштовхи для все нових досягнень матеріально- технічної цивілізації. Особливо сильних темпів у своєму розвитку капіталізм набув з відкриттям залізниць. Європа ввійшла після цього в смугу гарячкової господарської кон'юнктури й накопичення багацтв. Як знак часу, пануючий тоді у Франції Людвик-Філіп (по назві - «король-буржуа»...) кидає народові гасло збагачення. В Англії, під впливом теорій великого економіста Адама Сміта, стають пануючими ідеї так званого фрітрейдерства (свободи торгівлі) з їхньою засадою «laissez faire, laissez passer» (Хай усе йде, як іде). В Німеччині вперше з'являються «промислові королі» - Крупп, Штінесс, Маєр та інші. У Франції, Англії й Німеччині засновуються перші спекулятивні банки... Свого апогею капіталізм досягає в кінці XIX ст. Буржуазія, що в той час стає вже світовою силою, демонструє його здобутки на першій світовій виставці в Парижі.

Але при невпинному зростанні, капіталізм уже в початкових часах своєї «весни» почав зазнавати й перші кризи (в 20-х, 30-х і 40-х рр. XIX ст.), що згодом стали органічною властивістю його устрою - повторюючись кожні 5-10 років. Та цим явищам тодішні економісти-теоретики не надавали перебільшеного значення, вважаючи кризи за неминучу «закономірність», що в інтересах самого капіталізму тільки «регулює» стихійний характер його продукції. Тепер ми вже знаємо, що ці кризи були першими зловіщими симптомами внутрішньої хвороби капіталізму і наслідком його органічних деструктивних властивостей, що зумовлюються наступними основними причинами:

1. Неурегульованим або, як визначає наука політичної економії - стихійним характером капіталістичної продукції, в якій попиті пропозиція товарів на ринку визначаються не якимось суспільним планом, а тільки грою вільних господарських сил, опертих на засаду вільної конкуренції. З розвитком капіталізму, цей стихійний характер його продукції почав виявлятися в перевиробництві товарів, витворюючи надважку пропозицію товарів понад ту кількість, що її міг поглинути ринок.

2. Тенденцією капіталістичного виробництва до все більшої концентрації, що об'єктивно випливає з самої його природи, що вимагає централізації.

3. Боротьбою за панування на ринках.

Викликана капіталізмом промислово-технічна

революція, що спочатку забезпечувала йому можливість екстенсивного поширення, повільно закінчувалася. На порядок дня прийшла гостра необхідність пошуку все нових ринків. Певний час це завдання здійснювалося шляхом колоніальної експансії передових капіталістичних держав, одначе, згодом і ці можливості вперлися в стіну переплутаних господарсько-імперіалістичних антагонізмів держав і окремих національних капіталістичних систем. В наслідок низки обставин, капіталізм зазнав істотної зміни в своєму первісному характері й організаційних формах. Настала доба інтернаціоналізації капіталу, а разом із цим його перехід до нових інтенсивних форм продукції, що пішли по лінії концентрації (централізації) капіталу.

В усіх промислових країнах повстають велетенські трести, картелі й синдикати, що набувають міжнародного, а то й світового економічного значення. Первісну форму особистої відповідальності й ініціативи підприємця замінює анонімна форма у вигляді акційних компаній, що стають основними в капіталістичному устрої. Персональна творчість і воля капіталістичного продуцента замінюються безвідповідальністю акційних зібрань, що зацікавлені лише в якнайбільших дивідендах (зисках на акції).

А разом із цим втрачають своє значення приватна ініціатива й вільна конкуренція - ці первісні регулятивні фактори капіталістичної продукції. їх замінює монополізм фінансово-промислових гігантів, що перетворюються в бюрократичні організації.

З бігом часу, складна ієрархія сконцентрованого

капіталу все посилювалася. Потреба величезних засобів для фінансування колосального виробничо-обмінного апарату покликала до життя банки, що швидко перетворилися в інтернаціональні організації, набули вирішальної ролі в світовій економіці й опанували окремі національні господарства - використовуючи свої могутні засоби для поширення впливів на парламенти, пресу й суспільну думку. Капітал таким чином втрачає свій початковий національно-виробничий характер. Капіталістична система в своїй еволюції доходить до форми інтернаціонального фінансового капіталу, що стає ціллю в собі. Гасло «економіка визначає політику» - в своєму неприхованому розумінні починає означати, що долю людства, керівництво загальними процесами життя й політику світу захопила до своїх рук кліка інтернаціональних магнатів капіталу. Мотором капіталізму стає біржова спекуляція...

В початках, коли капіталістичну систему характеризував промисловий, продукуючий капітал - твердження про конструктивну місію цієї системи мали під собою ґрунт. В цій добі, власник капіталістичних засобів продукції справді виступав не лише в ролі споживача прибутку, але й творця матеріальних вартостей. Часто-густо він був також піонером цивілізаційного поступу. І це виправдувало його місце в соціальнім устрої. Цілком інша роль фінансового капіталу, що став домінуючим чинником у сучасній капіталістичній системі. Основним стимулом його чинності, що базується на скаженій швидкості обороту («гроші - час!»), є прагнення здобути якнайбільший зиск і то зиск, придбаний не в процесі творення реальних цінностей, (які були б виправданим еквівалентом зиску), а в спекуляції символами цих цінностей, які штучно створили акційно-біржові форми сучасного фінансового обороту. Фінансовий капітал створив нову економічну функцію посередництва і новий антисоціальний тип посередника (суспільного паразита), класичним зразком якого є тип модерного біржового гравця.

Сама природа фінансового капіталу, щодо сфери його інтересів і персонального складу- інтернаціональна. Якщо сприймати капіталістичний устрій як форму - іманентну національній, державно-господарській структурі життя народів - то фінансовий капітал є її парадоксом, ворогом та шкідником. Національно-господарські інтереси країн, в яких він оперує, для нього мають найменше значення! Класичним прикладом його деструктивної діяльності можуть служити грандіозні біржові й банківські крахи в Нью-Йорку (в 1929 році), що потягли за собою господарські й фінансові катастрофи не тільки в Сполучених Штатах Америки, але й у низці інших країн. Характерно при цьому, що згадані крахи сталися не в наслідок реального зниження цін на товари, але в зв'язку зі свідомою спекулятивною грою на зниження біржових курсів, що її проводили банкіри Волл-стріту в цілях наживи. Цей злочин привів до тяжкої кризи головних артерій світового господарства. Таких прикладів темної, антисоціальної ролі фінансового капіталу можна привести сотні!

Цікаву характеристику деструктивних прикмет

фінансового капіталу дає в своїй праці «Сьогодні й завтра» такий авторитетний знавець капіталістичних відносин, як відомий американський промисловець Форд. В сучасному капіталізмі Форд добачає два різні за істотою фактори: капітал промисловий і капітал фінансовий, що чим далі, тим усе більше, опановує економіку. Відповідно до розподілу капіталу, існує розподіл і його власників, що діляться на промисловців і фінансистів. Капіталіст- промисловець (власник і керівник цього підприємства або так званий «капітан промисловості») ставить в основу своєї діяльності! інтереси підприємства. Побудником цієї його діяльності є творчість, тобто елемент суспільно-конструктивний і духовний. Капіталіст-фінансист ставить натомість на першому місці персональну матеріальну користь - начало деструктивне й спекулятивне в самій своїй основі.

«Змішуючи промисловий і фінансовий капітал - пише Форд - ми сполучаємо два не тільки різні, але й ворожі поняття. Промислове підприємство не може водночас служити і суспільству, і фінансам. Можна ствердити, що фінанси у властивому розумінні цього слова не тільки не допомагають промисловості, але навпаки - живуть її експлуатацією й нищенням...

Капітал, що стікається в це підприємство під заставу його виробничих сил - це мертвий капітал! Коли ж підприємство працює тільки по волі цього мертвого капіталу, то його головною метою стає тільки винагородження власника цього капіталу...

Він не тільки не є одною з живих сил справи, але перетворюється в його мертвий тягар... Протягом віків деякі групи людей, наділених надзвичайним чуттям (тут Форд має на увазі чуття спекулятивне), по праву спадщини володіли більшою частиною золота на землі. Не все існуюче золото належить їм, але все ж його в них досить, щоб бути панами положення й по своєму бажанню творити мир і війну... їх могутність полягає не в золоті, що само по собі не має ніякої ціни, але в умінні керувати тими уявленнями, яке люди мають про золото: в підпорядкуванні людей певній концепції цього поняття... Верховна роль капіталу - річ реальна і вона здійснюється групою фінансистів...»

Згадана праця Форда звернула на себе, у свій час, увагу цілого світу. Від нього чекали подальшої критики фінансового капіталу. Але раптом Форд замовк, як кажуть, після того, коли з невідомих причин із ним зачали траплятися «невдачі» при поїздках автомобілем, що мало не коштувало йому життя... Не всі погляди Форда можна приймати без критичної перевірки, бо в них є дуже багато суб'єктивного, але в основній своїй частині його характеристика сучасного капіталізму є вбивчою!

Справді, в останніх десятиліттях концентрація фінансового капіталу досягла неймовірних розмірів. Малюнок ненормального розподілу національних багацтв, викликаного капіталістично- фінансовою концентрацією, дав декілька років тому американський сенатор Бора такими словами:

«Економісти обраховують, що у нас приблизно 3% населення контролюють 75% національного багатства. Не хочу бути педантом і скажу, що в нас 4% розпоряджається 80% національного капіталу. З цього приводу я хотів би поставити на порядок дня одну проблему. Я зовсім не прихильник експропріації майна цих 4%, але чи не було би справедливим, щоб решта 96% населення також взяла певну участь у керуванні національним майном? Доля цих 96% нам мусить бути ближчою, аніж інтереси 4%...»

Подібне явище вражаюче нерівномірного розподілу національних багацтв стало загальним і в Європі ще перед [Першою] світовою війною; і тут майже в усіх країнах невеликі групи магнатів капіталу протиставлялися нації, що в значній своїй частині була навіть позбавлена достатньої купівельної спроможності для використання створених капіталізмом товарів. Скеровані концентрично, капітали окремих національних господарств почали стикатися між собою в боротьбі за ринки - створюючи політичні конфлікти, що розв'язувалися силою зброї. Безпосереднім наслідком цієї економічної боротьби була й остання [тобто Перша] світова війна.

По [Першій] світовій війні певний час мало місце буйне оживлення процесів капіталістичного господарства. Цей період «просперіті», що особливо в Сполучених Штатах Америки набув якогось істеричного характеру, давав деяким економістам підставу до висновків, що капіталізм уже пережив свої хвороби й знову вступає в еру нового блискучого розвитку. Та ті погляди показалися мильними. В 1927-28. рр. світ знову опиняється в залізних кліщах нової кризи, що швидкими темпами огорнула всі ділянки життя й уже не сходить із порядку денного. Останнє десятиліття йде під знаком цієї перманентної кризи, що то переходячи в економічні депресії, то знову загострюючись - доводить світові економічні відносини до цілковитого хаосу. Наслідки цієї кризи видались жахливими!

Під поняттям революції, більшість звикла розуміти вибухові народні катаклізми, з проливом крові, терором і т.д. В кінці [Першої] світової війни й після неї, світ бачив і низку таких революцій, яких найбільше характерним зразком була більшовицька. Та в житті цивілізованих народів має тепер місце ще інший історичний катаклізм, що виявляє всі ознаки соціальної революції. Це революція цифр, банківських рахунків і статистичних даних; революція «тиха й безкровна», але страхітлива своїми наслідками! Вона виявляється в прогресуючому паралічу господарчої організації, в банкроцтвах підприємств, в крахах банків, в масовому безробітті, в безпомічних борсаннях сотень мільйонів людей, в діловому й духовному маразмі!

Економісти обраховують, що в певних періодах останньої кризи капіталістичного господарства, світова продукція зменшувалася наполовину від нормального рівня. Поправити цей катастрофічний стан можна було тільки шляхом збільшення суспільного попиту на товари, тобто - інтенсифікацією торговельного обороту. Але на перешкоді цьому завданню незмінно стояла та обставина, що саме з причин передкризової перепродукції й браку попиту на її вироби (наслідком цього й наставали періоди катастрофічного зменшення виробництва) створювалося масове безробіття, а з ним і послаблення купівельної спроможності населення. За статистичними даними, в останніх роках у цивілізованих країнах світу перебувало коло 50.000.000 безробітних, разом із родинами, які вони утримували. Кажучи економічною мовою, вся ця величезна маса людей «виймалася з господарського обороту» і не тільки не могла бути споживачем капіталістичної продукції, але саме лягала непосильним тягарем на бюджети держави, що змушені були шляхом допомоги рятувати її від голодної смерті. Таким чином, створювалось замкнене коло, з якого так і не знайдено виходу.

Цей стан викликав справжні революції у фінансовій політиці і в бюджетах навіть найбільш економічно розвинених країн. Декілька років тому економісти Прайс і Вінклер встановили, що розмір міждержавних боргів (не рахуючи так званих політичних боргів), що тяжіють над країнами Європи й Америки, сягає 62.000.000.000 доларів (по довоєнному курсу: близько 3.000.000.000.000 французьких франків; цифра, що має практичне застосування хіба тільки в астрономії!). Одна лише щорічна виплата відсотків по цьому капіталу виносить 5.000.000.000 доларів. Як бачимо, міжнародні борги дійшли рівня, при якому навіть оплата відсотку стає нереальною. Звідси один із «ключів» до розуміння, чому деякі держави, всупереч договірним зобов'язанням і засадам кредитної довіри - остаточно «махнули рукою» на свої борги й перестали взагалі їх платити.

Поруч із цим, у всіх державах щороку виявлялися прогресуючі бюджетні дефіцити, що сягали мільярдних сум. Крім воєн, причиною цього явища були податкові недобори, як наслідок економічної кризи, безробіття й послаблення купівельної спроможності населення. Грошове господарство держав все далі дезорганізувалося масою перебуваючих в обороті грошових сурогатів (акцій, векселів і т.д.), що не мали покриття й спричинювали масові зловживання - руйнуючи засади кредитної довіри. Засобом «лікування» державних фінансів стали інфляції, що надзвичайно важко відбивалися на основній масі населення.

Такий загальний малюнок повоєнної кризи, що виявила розклад капіталістичної системи й кинула світ на роздоріжжя хаосу. Всі спроби лікувати капіталізм тими рецептами, що їх рекомендувала класична політична економія - не дали жодних наслідків. Стало ясним, що внаслідок цілої низки прогресуючих своїх хвороб, капіталізм здегенерувався й втратив імпульси до подальшого розвитку; що від нього «відлетіла його колишня творча душа» і залишилися тільки мертві форми, які рухаються вже за інерцією.

Економіст Фрід, аналізуючи явища розкладу сучасного капіталізму, доходить до наступних висновків:

1. Механічно-промислова революція закінчилася. Нових побудників, що могли б стимулювати дальший розвиток класичних форм капіталізму - не передбачається.

2. Сучасна криза, з її соціальними катаклізмами, масовим безробіттям і падінням цін, в своїм характері є першою в історії капіталізму; її причини лежать не у відомому явищі мінливості економічних кон'юнктур, а в розкладі й переродженні основних елементів капіталізму.

3. Вільне господарство, що характеризувало

первісну капіталістичну систему, застигло в трестах і концернах сконцентрованого капіталу, які монополізували продукцію. Потужні картелі й синдикати знищили конкуренцію й диктують рівень цін. Тим самим втратили всяке значення такі основні елементи капіталізму в перших фазах його розвитку, як приватна ініціатива й вільна конкуренція. Деактуалізувалась й третя засада капіталізму - вільна торгівля, яку звели нанівець система протекціонізму й прагнення держав до економічної автаркії.

4. Капіталізм призвів до різкого розподілу націй на два нерівні табори: власників і пролетарів. Коли капіталізм чим далі, то все сильніше зливається з меншістю суспільства, то водночас інтереси більшості все виразніше зливаються із інтересами нації-держави. Звідси ріст соціальних рухів проти капіталізму.

5. Капіталізм вже перестав давати суспільству творців і керівників; він виродився в буржуазію, що живе тільки спадщиною «великих батьків». В протилежність капіталу - нові ідеї й нових вождів починають давати народні маси й держава.

Все це явища глибокого, прогресуючого розкладу капіталістичної системи, якого вже не направити за допомогою підвищення або зниження валютних курсів, чи збільшенням відсотку фабричної продукції... Криза капіталізму стане тим більш наочною, коли придивитись, до яких наслідків привела його еволюція в соціальній площині.

Масове використання робочої сили в капіталістичних підприємствах, потягло за собою скупчення в містах величезної кількості робітників, що втягаючись в темп великоміського життя, швидко втрачали свій початковий (сільський) консерватизм і малорухомість. Позбавлені всякої власності ці робітники за джерело існування могли мати тільки працю власних рук - продаючи її на формально «вільному», фактично ж - цілком монополізованому капіталом ринку праці. Так народжується новий соціальний стан - робітничий клас, або пролетаріат.

В ту початкову еру розвитку капіталізму, коли засади економічного лібералізму вважались священними й непорушними, суспільству й державі було унеможливлене втручання в господарське виробництво, не існувало законів про охорону праці, регулювання заробітної платні й соціального забезпечення. Це забезпечувало власникам капіталу безконтрольне використання робочої сили. Приклади праці робітників на фабриках, заводах і шахтах по 12, 14 і навіть 18 годин денно були буденним явищем. До непосильних фізичних праць використовували також жінок і малолітніх. Для виправдання такої надмірної експлуатації людини, деякі тодішні економісти висували різні етичні (!) і господарські теорії, як от, наприклад, славнозвісну теорію «залізної заробітної платні». За цією теорією, оплата праці робітника могла досягати лише такого рівня, щоб він міг задовольняти основну потребу свого відновлення: купувати хліб... Додавання платні понад цей рівень - повчали теоретики - сприятиме підвищенню життєвого й культурного рівня робітників, наслідком чого непропорційно зростатиме кількість народжень у робітничих родинах. Цей популяційний приріст створить перенаселення, а разом із ним і... «зайву робочу силу» та безробіття.

Отже зроджена під гаслами «свободи, рівності й братерства», молодий клас капіталістичної буржуазії швидко перетворився в чинник соціального поневолення робітництва й матеріального визиску його праці. Визиск праці капіталом зумовлювався не лише одним «хижацтвом» чи аморальністю капіталістів (як у цьому стараються переконувати демагогічні псевдосоціалістичні брошурки). Експлуатуюча роль капіталу випливала з самої його внутрішньої істоти - утворюючи з себе один із факторів капіталонакопичення, без якого не могла існувати сама капіталістична система в її класичних формах. Першим із державних мужів Європи, що задавав собі справу з цих властивостей капіталізму - був Бісмарк, що пробував обмежити економічний лібералізм націоналізацією залізниць, запровадив соціальну страхування робітників і т.д.

З плином років, еволюція капіталізму викликувала все зростаючу суспільну диференціацію, базовану на протилежності господарських інтересів і на соціальній боротьбі. Суспільство, що раніше (в часах феодалізму й станової монархії) ділилося на окремі стани за родовою ознакою, почало з капіталізмом розкладатися появою соціальних клас. Ознакою й побудником приналежносте до тієї чи іншої класи стали вже не умови народження, а спільність чи протилежність матеріального інтересу.

Капіталізм зродив, як реакцію, потужний робітничий клас. На кін історії приходить зловіща постать

Маркса з проповіддю матеріалізму, класової боротьби й соціальної революції. З 50-х рр.

XIX ст. вже починаються робітничі страйки й розрухи. Під впливом Маркса й Енґельса. Лясаль засновує в Німеччині першу соціал-демократичну партію. В 1871 р. в Парижі вибухає відоме повстання «комунарів». Водночас із цим формуються робітничі професійні союзи для оборони пролетаріату й боротьби з буржуазією і політичні партії, як виразники певних класових інтересів. Починається гостре, пристрасне змагання між трудовими й нетрудовими верствами суспільства (між «експлуататорами й експлуатованими») за право й можливість існування на землі; змагання - якому судиться позначити всю подальшу, аж до наших днів, історичну епоху…

Трудові маси, що набували все більшої політичної сили й суспільної ваги та підносилися в своєму культурному рівні - згодом не могли не усвідомити разючих контрастів між високими ідеями демократії та реальною дійсністю в умовах капіталістичного устрою. Пропагуючи в теорії гасла свободи людини й частково здійснивши її в площині формально- правній, демократія не спромоглася забезпечити цієї свободи, в основному, для існування суспільства у соціально-економічній ділянці. Навпаки, якраз саме з розвитком політичної демократи и капіталізму, в його класично-ліберальних формах, господарська і соціальна залежність матеріально слабшого від сильнішого проявилася з незнаною ще силою... Формально, вільний громадянин обернувся в раба нової соціально-економічної системи!

Розгляд історичних процесів вказує, що політичні права й впливи цієї суспільної групи майже завжди стояли в прямій пропорції до її господарської сили. Цього неписаного «закону» не зуміла скасувати й демократія! З розвитком її політичної й економічної системи, проголошені нею громадські й політичні права все більше втрачали у своїй практичній вартості - перетворюючись в замаскований центр узалежнення більшості від меншості.

Ідеї рівности, що під час французької революції штовхали до боротьби маси «санкюлотів», на ділі обернулися лише в мертві літери писаних законів...

В той час, як життя, іґноруючи ці закони - виразно прямувало до фактичної соціальної, матеріальної й політичної нерівности. Нарешті, заповідь братерства, що колись викликала духовні емоції й мрії найкращих умів революції - в реальній дійсності стала тільки затріпаною сентиментально-порожньою фразою, без всякого внутрішнього змісту. Ніби глузуючи над цією заповіддю, життя прямувало шляхами боротьби, де вирішував тільки один закон - права сильного!

Сподіючись знайти в капіталізмі союзника, що мав створити матеріальний підклад для її ідей права, свободи, рівности й поступу - демократія ґрунтовно завелася! Капіталістична система шкереберть перевернула й зробила неважливими ці її ідеї - перетворивши саму демократію в плутократію, тобто - в режим, де вирішує лише одна влада; влада всесильного ґроша!

В своїй звичці до «толеранції» - демократія своєчасно не побачила небезпеки, якою був для її ідейнопорядкової системи капіталізм. Зрештою, скоригувати деструктивні властивості капіталізму вона могла б лише за умови створення певної практичної програми, що була б здатна давати вказівки для розв'язки складних проблем нового життя. На це демократія не спромоглася.

Щоправда, цих програм на папері було навіть багато. Але жодна з них не могла охопити суспільного життя якимось конкретним і суцільним планом. Причини цього лежали насамперед у дефектах державно-політичного устрою демократії.

Не буде неправильною думка, що в ідеях демократії про політичний устрій була спочатку закладена якась парадоксальна віра в можливість створення «раю на землі» (пізніше цю віру запозичив у демократії інтернаціональний соціалізм). Ця віра базувалася на згаданій уже формулі Ж. Ж. Руссо, що кожна людина по своїй природі є уособленням добра й досконалості і що всі люди однакові. Треба тільки якнайменше керувати ними й виявляти якнайменш організовану суспільну активність; тоді все якнайкраще влаштується «само собою», бо саме з вільної взаємочинності окремих людей вже механічно твориться справжня «народна воля»... Тільки нетреба «душити» цю волю регламентами й приписами держави! Хай держава залишається тільки машиною для підрахунку цих одиничних «воль» і тоді суспільство безжурно прямуватиме до демократичних ідеалів, до «раю на землі»...

В суспільно-політичній площині, демократія перетворила свої ідеї в засади виборного представництва (парламентаризм) і загального голосування. Сучасний досвід вже виразно вказує, що ці засади виходили з хибних передумов. Він доводить, що держава - це суцільний організм, який неможливо механічно ділити на суму складників, бо ця цілість їм неспівмірна й живе власним життям, волею, логікою та законами; що життя держави немислимо узалежнювати тільки від випадкової комбінації цифр при голосуваннях і від мінливих настроїв виборців, бо держава вимагає внутрішньої дисципліни й уміння підпорядковувати хвилинні пориви залізній логіці служіння нації.

Але коли демократія щойно виходила на історичну арену - її ідеалістичні теорії спиралися на творчому піднесенні й на руху до влади молодих суспільних сил, що були важелем революції й разом із демократією приходили на кін життя. Ці нові революційні сили певний час творили ілюзію життєвости ідилічних теорій про участь «всіх» у владі демократії і утопії про можливість формувати державну цілість шляхом арифметичного підрахунку мільйонів розрізнених «воль». І треба було цілого століття, з його кризами, революціями й війнами, щоб світ переконався, що обставини нашої сучасности вже цілком не ті, що були в епоху народження класичної демократії.

Ніяка система порядку в історії не втримується, коли зникають духовно-ідейні побудники, що її створили і реальні передумови, що надавали їй підстав в житті. Цей закон виявився й на долі демократичного парламентаризму. Треба взагалі зазначити, що тільки в одній Англії парламентаризм виростав органічно. Коли застосування його засад і форм поширилося й у інших країнах і навіть певний час приносило суспільну користь, то це знову ж таки тому, що в тих часах парламентаризм спирався на молоді - повні енергії й волі до творчості суспільні стани, які витискали вже розкладену феодальну аристократію. Та подальша еволюція демократії й капіталізму вплинула на внутрішнє переродження самих цих станів. Вони повільно «старілися», деформувалися, консервувалися, втрачали свій первісний динамізм і розмах. Водночас із цим мінялася як внутрішня суть, так і форми парламентаризму - в напрямі його закостенілості й розкладу.

Зростаючі соціальні антагонізми, невпинна боротьба політичних, класових і економічних інтересів, що стали невід'ємними атрибутами демократії - привели до створення чисельних політичних партій, груп і фракцій. Використовуючи постулат демократичної свободи й безконтрольності, всі ці партії - що часто відображували егоїстичні інтереси різних антисоціальних груп - намагалися впливати через парламенти на державне керування, послуговуючись для цього «інструментом» загального виборчого права. Сумна роль славнозвісної «чотирихвістки» занадто відома, щоб над нею довше спинятися! Про це написано вже сотні й сотні різних публікацій. Тут тільки зазначимо, що певні деструктивні властивості демократичного «голосування» розуміли не тільки сучасники. Наслідки, до яких згодом привели ці засади суспільства й держави - передбачали деякі прозорливі політики Європи ще тоді, коли демократія була виповнена здоровими життєвими соками й переможно виступала в ролі творця нової епохи. Так Дізраелі, виступаючи в 1859. році в англійському парламенті з критикою демократичних засад виборности, так формулював своє розуміння парламентаризму: «Нам потрібні в парламенті всі елементи, що користуються пошаною й відповідальні за інтереси країни. Ми повинні мати представництво територіальної власности, промислові підприємства найкращого типу, солідну торгівлю; повинні мати професійні здібності в усіх їхніх формах, але крім того й дещо більше: ми потребуємо тут сукупність людей, не дуже близько зв'язаних ні з хліборобством, ні з промисловістю, ні з торгівлею, не занадто просякнутих професійною думкою й звичками; ми повинні мати сукупність людей, що представляють широку різноманітність англійського характеру; людей, що будуть суддями між цими великими державними інтересами й будуть зм'якшувати жорстокість їхнього суперництва»...

В думках Дізраелі виявляється геніальне інтуїтивне відчуття засад корпоративізму, що стали тепер панівними в націоналістичних державах. Інший англійський політик Хюґ Керне дещо пізніше писав: «Парламент мусить бути дзеркалом - представництвом кожного класу не відповідно кількості голосів і не відповідно цифрам, але відповідно тому всьому, що дає вагу й значення цьому класу, з тим, щоб різні класи суспільства могли бути вислухані й щоб їхні погляди могли бути правильно відображені в парламенті без того, щоб один клас душив й призводив до мовчанки інші класи королівства». І тут також бачимо передчуття засад корпоративізму й солідарності, що мають вирішальне значення в структурі держав нової доби. Надзвичайно реалістичну характеристику парламентаризму дав ще пізніше (1884 р.) Адольф Пренс у своїй книжці «Демократія й парламентарний режим». Він писав, між іншим: «Так, як безглуздо твердити, що треба вертати до режиму каст - так же безглуздо думати, що суспільство можна розглядати атомістично. Глибокою помилкою революції (демократичної) було те, що вона перевчила, що депутат, який репрезентує всіх - не репрезентує нікого!»...

Але до цих критичних голосів демократія не прислухалася. Вона їх приймала за вияв «реакційності», що намагається спинити її «поступ». Механіка цифр - як основна підстава державного керування - видавалася їй панацеєю, що в стані безпомилково розв'язувати всі проблеми суспільного буття. Опанована цим гіпнозом, вона не помічала, що з бігом часу її ідеї ставали тільки запорошеним театральним реквізитом, а устрій - уособлення парадоксальних протиріч і організаційних дефектів. Партійна диференціація суспільства, що дійшла при демократії до небувалих розмірів - спрофанувала первісний зміст парламентаризму й його ідеї. В практиці парламентаризму стало буденним явищем, що в стремлінні здобути виборчі голоси, а через них і владу в державі - партії послуговувалися різного роду блокуваннями, закулісними інтриґами, неморальними компромісами, підкупом, корупцією та іншими засобами впливання на суспільну думку в бажаному для них напрямі. Ці методи профанували й викривляли виборчі принципи демократії і перетворили проголошену нею за святеє святих свободу слова й думки в спекулятивний центр збаламучення й обдурювання народних мас із одинокою метою: «вибити» з них якнайбільше голосів за кандидата конкретної партії.

Первісна концепція демократичної свободи слова й думки означала в своїй основній ідеї свободу правди; життя змінило її в свободу брехні й демагогії. Політичне слово звелося до ролі комерційного рекламного плакату, за допомогою якого закликалося суспільну думку до партійних крамниць. Саме поняття свободи, що означало вільний обов'язок людини самоудосконалюватися й прямувати до конструктивних суспільних цілей - перетворилося в право її бездарності перед суспільними й моральними законами!

Сучасний парламентаризм створив чисельну верству професійних політиків, що формально виступаючи в якості «народних обранців», в дійсності цілком відірвані від народу. Партійні комітети стали своєрідними торговельними бюро, де купується й продається суспільний інтерес. В керівництві партій скупчилися різні неморальні елементи, що надали політичній діяльності характеру несумлінного «ґешефтмахерства» - відштовхуючи цим від неї найкращі творчі елементи суспільства. Це політичне «ґешефтмахерство» часто-густо межує з виразним криміналом! Досить лише пригадати афери Устриків, Ставіскіхта інші відомі «панами» сучасної демократії (а скільки їх залишається невідомими!), в яких незмінно викривалася кримінальна співучасть визначних парламентарів і навіть членів урядів, щоб отримати собі розуміння, що ховається тепер під зверхніми ідейними й організаційними шильдами демократії...

Необхідність завжди рахуватися з закулісовими впливами різних груп і кожній із них забезпечувати певні позиції в державному проводі - привела до гіпертрофії парламентарно- урядового апарату демократії, що став нездатним до швидких і доцільних рішень. Ці ж обставини спричинюють постійні урядові кризи, які виключають розраховану на довший час конструктивну державну політику - що виходила б не з мінливих партійних і парламентарних кон'юнктура з інтересів нації.

Неочікувано для самих творців демократії - «Декларація прав людини й громадянина» зродила в історичній еволюції плутократію, яка своїми економічною могутністю і політичними впливами завдячує - за виразом Форда - «вмінню керувати уявленнями, яке мають люди про золото», і в підпорядкуванні людей «певній концепції цього поняття», що його створила плутократія у власних інтересах. Поруч із нею (як її експонент), другим мотором політичної демократії став професійний політик, про якого Пренс сказав, що він «представляє всіх і нікого»...Так створився парадокс демократії, коли її засади формального народоправства, замість служити інтересам більшості - стали середником використання цієї більшості меншістю. Як кажуть: «гора зродила мишу»! З многонадійних обіцянь демократії, її «вільний» громадянин дістав тільки право раз за декілька років кинути до урни свій виборчий листок за політикуючого «фахівця», якого він найчастіше навіть не знає й не поважає, яким не цікавиться і не ховаючи своїх настроїв - шле «під три чорти»...

Реальна дійсність усе глибше розхитувала віру народних мас в універсальну життєвість ідей демократії та в її спроможності успішно вирішувати складні проблеми нового життя. Суспільство почало усвідомлювати, що справді вільною робить людину не паперове проголошення свободи й не можливість врядигоди подати свій голос за партійний виборчий список, але реальна спроможність активно проявляти себе в суспільній творчості й без перешкод підійматися соціальною драбиною; що справжня рівність - це не декларативна формула, а така реальна суспільна система, в якій кожному громадянинові забезпечені однакові можливості життєвого старту - в напрямі духовних, матеріальних і соціальних досягнень.

Само собою зрозуміло, що при всіх вищезгаданих морально-психологічних обставинах і структурних дефектах - демократія не могла протиставитися деструктивним властивостям капіталізму та іншим розкладаючим її силам. Обмежуючись пасивними деклараціями своїх старіючих ідей і принципів, які вчили, що «вільна гра» суспільних сил «сама» усуває зло для подальшого «поступу», не хотячи й не вміючи входити в сильні руки керма життям суспільства - вона втратила відповідний момент для власного закріплення в перспективах історії. І хоч зовнішній поступ її ідей і системи продовжувався ще декілька десятиліть, то це вже був лише рух інерції.

Повільно деградував й внутрішній зміст демократії. В початках свого народження, змагаючись з рештками середньовічної релігійної схоластики й монополістичними впливами католицтва над духовним

життям - лібералізм створив культ людської індивіду-
альності. Та згодом цей культ самоцінності людини
почав вироджуватися в надмірний індивідуалізм; демо-
кратично-ліберальний гуманізм все виразніше напов-
нювався раціоналістично- позитивістським змістом, а
свобода думки перетворилася на світогляд принципо-
вого атеїзму. Первісна духовність демократії (що
зумовлювала її стрімкий творчий розвиток) уступила
місце примітивному матеріалізму, єдність початкової
мети - антагонізмам, а надламана енергія - інерції.
Пафос, віра й ідейне горіння зникли; залишилися
тільки пожовклі теорії й мертві реліквії без змісту.
Народженню демократії присвічували ідеї, що уважа-
лися за «вічні правди». Проте вона не спромоглася
створити закінченого власного світогляду. Це тому,
що наскрізь раціоналістична й скептична природа
лібералізму була здатна тільки на творення реляти-
вістських, «умовних» вартостей. Так дух, мораль і
віру-замінила матеріалістичний розрахунок нової
доби, що фатально відбився на демократії.

Розчарованість суспільства в реформаторській та
ідейній місії демократії яскраво проявилось в появі
нового світогляду й нової концепції суспільної органі-
зації - в соціалізмі. Коли капіталізм став для демо-
кратії свого роду «внутрішнім шкідником», що
непомітно підточував її організм то соціалізм - відки-
даючи її ідеологічні й основні підвалини - проголо-
шував їй відверту війну. Так опинилася вона поміж
двох сил з яких кожна розхитувала її по своєму...
Після [Першої] світової війни, світоглядна порожнеча
й внутрішня слабість демократії виявилися особливо

гостро, коли на підставі нею ж толерованих законів, до активної ролі в суспільно-політичному житті прийшли нові течії, мета яких полягала вже в цілковитому знищенні і демократії, і самої держави. В цьому парадоксі виявилася вже виразна артеріосклерозом демократії й цілковитий занепад її інстинкту самозбереження, з доведенням її ідеалу «політичної свободи» до повного абсурду.

Витворена по [Першій світовій] війні загальна ситуація, що характеризувалася все зростаючими міжнародними конфліктами, загостреною політичною й соціальною боротьбою та господарськими кризами - кинула всі народи світу в розпачливі настрої. Невдоволення з існуючого стану речей перетворювалося в потужні підривні революційні рухи. Обставини вимагали рішучого й послідовного перегляду всієї системи суспільного існування. Але годі було чекати від демократії сміливого й чинного втручання в події! Роздерта внутрішніми чварами, катаклізмами й суперечностями, вона протиставила руйнуючим її силам тільки старі, затріпані слова: «свобода, рівність, братерство»...

Парадоксальність швидкого розкладу демократії в тому часі стає особливо дивоглядною, коли мати на увазі, що саме повоєнні роки були періодом її найбільшого тріумфу в історії! Нову політичну рівновагу сперто тоді на так званих великих демократіях (Франції, Англії, Америці). У Версалі проголошено перемогу демократичних ідей; майже всі монархії й залишки абсолютизму зникли. Всі держави, старі й новостворені, зачали перебудовувати свої устрої «за

останнім словом» демократичної техніки, беручи з арсеналу демократично-ліберальної ідеології все, що тільки можна було взяти... Сама доля сприяла демократії - зводячи їй величаву будову...

Та потрібно було вже небагато часу для остаточного пересвідчення, що ця будова - картковий будинок, поставлений на піску.

З новітньої історії демократії можна вивести своєрідний суспільний закон: з чим більшою легкістю в конкретній країні перемагали формальні принципи демократії - тим із більшою швидкістю ці принципи там банкротували! За цим законом, в проміжку тільки одного-другого десятиліття після [Першої] світової війни, подібно на метеорити, позникали за чергою в різних країнах наймодерніші демократії: у веймарській Німеччині, в Австрії, Мадярщині, Італії, в Польщі, Румунії, балканських і прибалтійських країнах, і т.д.

Так створився стан перманентної кризи демократії. Як бачимо, процес її розхитування й дегенерації започаткувався вже давно. Механічно поступаючи вперед і поширюючись кількісно, демократія водночас розкладалася внутрішньо. Складна повоєнна доба продемонструвала цей її розклад у всій його неприхованій правді.

Нові ідейні й політичні рухи - це реакція на витворений демократією безнадійний стан. Одні з них (комунізм) - це реакція ще глибшого занепаду, в якому виявляються деструктивні сили, що загрожують людству катастрофою. Другі (націоналістичні) - це здорові рухи омолоджених, оновлених індивідуальних і суспільних складових, що змагають до заміни перегнивших основ суспільного життя й перебудови його в конструктивному плані.

Не в приклад космополітичному розгонові демократії - ці націоналістичні рухи не відриваються від того джерела, яке їх зродило - від нації черпаючи в ній свої сили й конструктивні властивості.

Цих нових процесів і донині нездатні зрозуміти представники демократії; сучасний її стан вони з ображеним виглядом приписують тільки «спілим, реакційним» силам... А втім, йде мова про оборону справжньої демократії від її профанаторів; демократії реальної, професійної та християнської - від атеїстичної; про оборону народу від згубних впливів фразеологічної брехні. Час зрозуміти, що сучасна офіційна демократія давно вже не має нічого спільного з конструктивною ідеєю народоправства.

Фатальність долі демократії виявилася, насамперед, у неспівмірності її теоретичних закликів і конструкцій, з практичним умінням застосувати їх до життя. Виставляючи одною рукою перед народами прапори своїх ідейних постулатів - демократія другою штовхала ці народи на вістря ножа твердого життя, що ніяк не хотіло укладатися в її основні форми. І це не тому, що здійснення певної частини цих постулатів було засаднично неможливе, але тому, що демократія не виказала відповідного до розмаху своїх початкових ідей організаторського й реформаторського генія.

Марнуючи початковий запал, витрачаючи віру у свою місію - вона чим далі, тим усе виразніше ставала човном, що йде самопливом. Контрасти між обіцяним і здійснюваним ставали все гострішими й нестерпнішими. Не вміючи виказати потрібної активності для угамування відцентрових сил, що підточували її організм, демократія демобілізувала водночас опірність і творчість самого суспільства. Виявилось, що устрій політичної демократії може існувати й якось функціонувати лише в умовах спокою, стабільності й рівноваги. Лише тоді в стані так-сяк діяти його складна, повільна, обтяжена зайвими атрибутами й суперечностями організаційна машина. З ходом порушення цього спокою й рівноваги, коли потрібне найбільше напруження ідейних, духовних і жертовних зусиль - цей устрій негайно викриває свої органічні хиби й дефекти.

В останніх роках спір про життєвість демократії й її основних форм точився з особливою силою. Брали в ньому участь філософи, соціологи, історики, правники, політики, економісти і т.д. Тепер прийшов час для висновків цього спору. Їх продиктувало життя і його факти, які розкрилися перед здивованим людством з вибухом сучасної [Другої світової] війни між демократіями й націоналістичними державами. На полях Фландрії й Франції, демократія збанкротувала катастрофічно. І ця катастрофа до кінця викрила її парадокс, що став запереченням життєвих вимог і обставин нашої епохи. Прийшов час, коли це в усій повноті й ясності зрозуміли саме ті народи, яким лиха доля судила довший час бути «класичними демократіями» Хто має очі, щоб бачити - хай уміє дивитися! Він багато навчиться з історії правління партійних клік і мафій, що репрезентували ці демократії...

Надламані Версалем сили Німеччини знову віднайшли себе в історичній місії націонал-соціалізму. Опанувавши владу, цей рух розпочав нову, від самих коренів, ідейну, організаційну, політичну, економічну й мілітарну перебудову нації, виявляючи в своїй творчості могутній духовний порив, реалізм і далекозорість. Цим його зусиллям, демократія не вміла впродовж низки років протиставити жодного рівноцінного еквіваленту! Ніби для контрасту, вона робила якраз усе навпаки! Німецькій вірі й ідеї - вона протиставила свій скептицизм і релятивізм; жертовності - аморальний культ найбільших життєвих вигод при найменших зусиллях; тоталітарній зорганізованості нації - суспільні антагонізми й партійні заколоти.

Коли німецька нація обмежила до мінімуму свої життєві потреби для завдань економічної автаркії - демократія весело глузувала, що Ґерінґ годує німців «гарматами замість масла» й пропагувала безтурботне пожирання смачних «біфштексів». І під її впливами сміявся над «дурними німцями» пересічний француз і англієць, навіть не підозрюючи, що прийде час, коли німці матимуть і гармати, і масло, а він ні того, ні другого... Націонал-соціалізм ударно виковував із молоді новий тип німця - борця й володаря, а в Парижі в цей час на педагогічних з'їздах учителі публічно декларували, що «найцінніша річ - це життя; краще бути в рабстві, ніж вмерти...» Але в умовах демократії - їх ніхто не карав за цей злочин: вони ж, мовляв, висловлювали свої «особисті переконання» (найсвятіша для демократів річ!).

В посвяті й аскетизмі, німецька нація цілими роками - день і ніч - працювала на заводах і фабриках, в містах і селах. Для майбутнього! А у Франції, в той же час, відбувалася вакханалія «ставіскіяди», Блюм грав на демагогії 40-годинного робочого тижня, а «народні фронти» організували громадську війну із саботажами й страйками. І що найцікавіше, для засліпленості й виродження демократії: всі ці злочини й безумство проголошувалися за ідеал політичної мудрості, моралі і за зразок «прогресивного» суспільства. Публічну думку запевнено, що все гаразд, що Франція багата й сильна, має найкращу армію (тоді Петенові ще не давали говорити!) і, що найголовніше - «лінію Мажино». Для дефетизму й ментальності демократії, ця «лінія Мажино» було своєрідним символом! І багатьом здавалося, що це все справді так і що кінця не буде демократичній «просперіті». Характерно, що навіть такий реалістичний французький ум, як Фланден, мав одного разу необережність заявити, що французький нарід «занадто розумний», щоб запроваджувати в себе авторитарний устрій... Так у хаосі й безголов'ї минали роки.

В Англії, завдяки великим традиціям корони й органічності основних форм - демократія справді не мала таких дегенеративних форм, як у Франції. Але й тут десятиліття минали під знаком лібералістичної «прекраснодушності» й кволого пацифізму. Скрізь панувала оспалість, пасивність, інерція. Демократичні правителі Англії вірили, що в наш динамічний вік вони зможуть і надалі спокійно панувати над світом, навіть не маючи сталої армії! Самий факт, що маючи до диспозиції півмільярда населення імперії, англійська демократія спромоглася вислати на поля Фландрії тільки десять нужденних дивізій, або, що маючи величезний відсоток світового запасу сировини й золота та високо розвинену індустрію, вона не мала що протиставити німецькій авіації - говорить про неї вичерпно! Нездарності й безсиллю демократії у внутрішній політиці, товаришила її кволість і короткозорість в міжнародній. Так забрівши в сліпий кут, опинилася вона перед закутою в сталь і залізо Німеччиною - сама дезорганізована й непідготована до війни.

В цьому знову знаходить собі підтвердження той факт, що демократія може існувати, коли навколо неї все спокійно й безжурно. Але досить сильнішого подуву вітрів, як вона одразу йде в розтіч і шукає захисту у тих, хто в нормальні часи не має з нею нічого спільного. Так було в Росії, де демократична «керенщина», викликавши злих духів революції - кинулася за рятунком до ген. Корнілова (якого тут же у паніці сама й зрадила). Це саме, дійшовши до краю безумства, зробила німецька «веймарська» демократія. Так вчинила й французька демократія. Спинившись перед чорним проваллям катастрофи, забріхана й анархізована в кінець - вона перекинула тягар історичної відповідальності на плечі Петена, Вейгана й Хюнтцигера, а сама стала з боку. До влади прийшли солдати, але занадто пізно! Це ті найкращі, що їх має французька нація, які ніколи нічого спільного з демократією не мали й занадто добре знали її «справи», щоб не погорджувати нею (варто пригадати, що демократичні кліки перед кількома роками звільнили ген. Вейгана до демісії, як «неблагонадійного»...). Коли до ген. Вейгана звернулися за порятунком, він відповів:

«Я виконаю свій обов'язок. Але, мої панове - я не чудотворець!». Учень Фоша знав, що чудами війни не виграються й що десятиліть хаосу демократії за кілька днів не виправити!

Які перспективи чекають демократію? Її доля в дуже великій мірі залежить, насамперед, від наслідків [Другої світової] війни. Повний мілітарний розгром демократії автоматично пришвидшить її внутрішній і організаційний розклад. Можливо і після нього вона ще певний час затримається серед народів, традиції й характер яких уже занадто сильно підпали асиміляції її впливів і форм. Але й там її перспективи залежатимуть від того, в якій мірі зуміє вона піддати ревізії вимог нової доби свій внутрішній зміст і основну систему. Ця передумова буде вирішальною для її долі й тоді, коли б - теоретично кажучи - їй вдалося оминути повної катастрофи в сучасній [Другій світовій] війні. Не підлягає сумнівам, що свою «коронну» роль в історії демократія вже відіграла. Вона без майбутнього.

II. СОЦІАЛІЗМ

Розчарованість в устрої капіталістичної демократії найвиразніше проявилася у вигляді нової ідеї й політичної концепції суспільно-виробничої організації людства - в соціалізмі. Останній, перейшовши початковий етап різних утопічних теорій, уже в другій половині минулого століття проявляється в житті у вигляді так званого наукового чи марксівського соціалізму.

Об'єктивно розглядаючи історичні обставини творення й діяння соціалістичної концепції, що з'явилася якраз у добу розвитку політичної демократії, треба визнати, що причиною її появи була не лише практична неспроможність демократії задовольняюче вирішити ряд суперечних проблем життя, але й ті духовно-психологічні умови, які виплекала сама демократія.

Історія культури вчить, що людство від віків безупинно шукало великих, імпонуючих ідей, що могли б полонити його душу, свідомість і почуття.

Раніше тими ідеями були релігії (Будди, Христа, Магомета і т.д.); в нові часи - політичні та філософські теорії. Кожного разу прибічники таких ідей схильні були вважати їх як щось непорушне й безпомилкове, основоположне (для прикладу можна взяти хоч би сучасний московський комунізм, що чим далі, тим більш набирає характеру єдиної, нетерпиме виключаючої всі інші релігії, які вважає за необхідне).

Демократичні й ліберальні теорії в боротьбі з поточним укладом старої станової монархії, поквапившись зруйнувати її духовно-культурні основи, що базувалися на авторитеті влади, черпали свою мораль із приписів релігії, а мету життя бачили у вірності християнству та монарху. Абстрагуючись від оцінок внутрішніх і суспільних вартостей культури часів старої монархії, треба ствердити, що для неї скріплюючим цементом була її духовність.

Хоч впливи й здобутки цієї культури охоплювали безпосередньо лише обмежені, привілейовані версти (аристократію, духовенство), то все ж, спираючись на єдиному принципі, вони у відповідному переломленні поширювалися посередньо і на народні маси, формуючи світогляд останніх на якійсь вищій, абсолютній ідеї, що становила основну підвалину цілої державної й суспільної організації.

Народженню демократії також посприяли ідеї, що вважались «вічними правдами». Проте на їхній основі - вона сама наскрізь релятивістична й раціоналістична - не спромоглася створити свого закінченого й абсолютного світогляду. У відношенні до всіх проблем життя й духу, що на них стара культура вміла відповідати або означеним «так», або категоричним «ні», демократичні теорії давали невиразні, спірні відповіді. Руйнуючи попередні (хоч кількісно обмежені, але якісно виповнені) духовно-моральні основи культури, демократія розбудовувала власну цивілізаційну систему на основі засад кількісного поширення, при одночасній деградації її внутрішньої суті. Віру, абсолют, дух і мораль минулого заступили скептичність, умовність і матеріалістичний розрахунок нової доби.

Від цих світоглядних тенденцій демократії не важко було вже перекинути місток і до соціалістичних теорій, що, використовуючи її психологічне тло, послідовно приходили до засадничого заперечення всякого ідеалізму й усякої духовності, переносячи увесь зміст і таємницю світобудови в площину своєї матеріалістичної діалектики, що визнає лише єдиний «закон» шлунку...

Не створивши ясного, впливаючого своєю суцільністю й величністю суспільного ідеалу, демократія не змогла також викарбувати в свідомості мас ясного образу людського співжиття в перспективному плані. Її гасла були лише обривками, відірваними фрагментами цього плану, а політична діяльність, залежна від хибних надій у «безпомилковість» волі більшості, органічно була непридатною для будь-якої планової творчості.

Використовуючи всі негативні сторони політичної демократії, особливо зневіру суспільних мас в її спроможність стати арбітром зростаючих соціальних конфліктів, соціалізм протиставив їй свою власну концепцію, що скоро знайшла багатьох прихильників.

Необхідно підкреслити, що розхитуючи до решток порушену впливами демократії духовну основу життя та поглиблюючи матеріалістичний світогляд суспільства до вульгарного рівня «тваринної» ідеології, соціалізм, втім, спромігся надати цій ідеології імпонуючих форм.

Ліберальній факультативності ідей демократії він протиставив свою власну ідею у формі виключного, безкомпромісного та зобов'язуючого всіх наказу. Проти демократичної невиразності й пасивності до проблем організації співжиття суспільства соціалізм висунув план-схему унормування політичних, соціальних і господарчо-продукційних відносин майбутнього життя. Непримиримий у своєму світогляді, він і свій реконструктивний соціальний план наказував приймати за безпомилкову, неминучу в здійсненні догму, що базується на складній, часто псевдонауковій, аргументації.

Створена Марксом доктрина соціалізму полягає в наступному. Капіталістичний устрій є джерелом економічної експлуатації працюючих (теорія додаткової вартості), соціальної нерівності, періодичних господарських криз, що час-від- часу стрясають економічну систему цілого світу, та імперіалістичних війн, спричинюваних експлуатаційними інтересами капіталу, війн, що руйнують і унеможливлюють людський поступ. Подальший розвиток капіталізму неминуче призведе до скупчення всіх продукційних і споживчих багатств у руках правлячої меншості, тобто капіталістів-власників продукційних засобів (теорія концентрації капіталу), в той час як широкі народні маси позбавлятимуться власності на засоби виробництва та потраплятимуть у все більшу матеріальну скруту (теорія пролетаризації мас). Внаслідок цих «закономірних», як твердять соціалісти, процесів створиться в світовому масштабі лише два основні соціальні класи: капіталісти і пролетарі. Проміжні групи селянства, ремісництва, дрібних виробників, крамарів тощо після довших хитань також приєднаються до пролетарського класу під тиском цієї господарської закономірності. Відносини між капіталістами та пролетаріатом буде визначати жорстока соціально-класова боротьба. В цій боротьбі зростаючий в своїй свідомості й зорганізованості пролетарський клас набуватиме все більшої сили, в той час як капіталістично-буржуазний клас буде знаходитись в усе ізольованішому й загрозливішому положенні. Цей перехідний період позначатиметься революціями, страйками та іншими виявами соціальної боротьби пролетаріату.

Нарешті наступить момент соціальної революції, коли об'єднаний в інтернаціональному масштабі пролетаріат знищить капіталістичну меншість, експроприює (позбавить власності) всі її багатства продукційних посередників та створить безкласове інтернаціональне суспільство (власне однокласове суспільство, що складатиметься лише з працюючих) з соціалістичною (тобто неприватновласницькою, а усуспільненою) організацією господарського виробництва і розподілу. Так зникнуть приватна власність, класовий поділ, соціальні конфлікти, визиск, матеріальна нерівність, окремі національні держави й війни.

Наступить нова, щаслива ера суспільного життя, незнана ще в історії...

До критичного розгляду соціалістичної концепції в її суспільному та ідеологічному плані ми прийдемо нижче.

Тепер хочемо підкреслити, що соціалізм, звертаючи своє вістря проти капіталізму, неминуче мусів стати на шлях заперечення ідеологічної й устроєвої бази, що на ній розвинувся самий капіталізм, тобто політичної демократії.

Конфлікт між демократією та соціалізмом позначився, насамперед, у сфері їхніх ідейних гасел. Висуваючи принципи рівности й братерства, демократія сподівалася на їхнє здійснення від самої «досконалої природи» людини, що в процесах свого суспільного існування сама, так би мовити, своїм «розумом» збудує ідеальний устрій життя на основі миру, згоди й поступу. Ця фаталістична віра демократії у «безгрішність» людини (так суперечна зі скептичною, аналізуючою істотою самої демократії) в дійсності не виправдалася.

Інакше підійшов до цієї проблеми соціалізм. Згідно з його теоріями, сліпа віра в досконалість людини безпідставна. Життя - це не приємний «вишневий садок», де все мирно співіснує в достатку. Це арена безупинних змагань і сплетений вузол антагоністичних відносин! Суспільне зрівняння й братерське співжиття прийдуть не «самі собою» - лише як наслідок довшої трансформації (перероблення) людської натури й її суспільних інстинктів через усунення капіталістичної системи. Цю ж капіталістичну систему можна буде знищити лише шляхом класової боротьби та її завершення - соціальної революції.

Сам постулат рівності й братерства соціалізм звужує, приймаючи його як умовний (коли буде здійснений бажаний для нього суспільний устрій) і застосовуючи його не до всіх людей «взагалі», а лише до однієї їхньої категорії - пролетаріату. Також особисту й громадську свободу, що її демократія виводить із засадничого признання абсолютних цінностей і вроджених прав людини, соціалізм трактує як умовні вартості, що вимірюються залежно від класових ознак. Та частина суспільства, що не належить до пролетаріату, виключається з приналежних пролетаріату норм права і свободи; їй залишається або самій перетворитися в пролетаріат, або загинути.

Ідейні розбіжності перейшли й у площину державно-устроєву. Вважаючи саму Державну Організацію Народів лише за перехідну фазу до здійснення уявного ідеалу інтернаціонального бездержавного суспільства, соціалізм, на противагу демократичному режиму, проголошує політичну диктатуру пролетаріату з одночасним обезправненням усіх інших верств суспільства.

І хоч цю заперечуючу засади демократії диктатуру соціалістичні теорії вважають лише етапом у творенні соціалістичного, безкласового суспільства, то все ж її принцип, що нищить свободу діяльності, поглядів, почувань життя людини, - є основною цілої соціалістичної концепції.

Це підтверджує й сучасна політична практика випереджаючого прояву соціалістичної доктрини -

московського комунізму, що творить так званий III Інтернаціонал. Але і II Інтернаціонал, що складається із соціалістично-демократичних, меншовицьких партій різних народів, хоч і відрізняється у своїй тактиці від комуністів, також стоїть на засадничому визнанні пролетарської диктатури. Той факт, що приналежні до II Інтернаціоналу соціалісти працюють у рамках демократичних устроїв, пояснюється з одного боку їхнім бажанням використовувати для своїх інтересів свободу цих режимів, а з другого - змовою декого з них проти капіталістичної буржуазії.

Цікаво зазначити, що використовуючи обездухов-лене, зматеріалізоване тло демократії, соціалізм все ж спромігся надати власним теоріям характеру абсолюту, як це в свій час робила станова монархія. Змінилася лише сама орієнтація ідей і надій у той «еквівалент», що чекає вірних. Раніше суспільний, культурний і моральний уклад базувався на вірі в Бога й обов'язку всіх служити Його ставленикам на землі - церкві та владі - за це вірні діставали нагороду на небі. Соціалізм свою систему заснував на вірі в «богоносну» місію пролетаріату й соціальної революції. За це його прихильники можуть чекати винагороди «в соціалістичному раю на землі».

Людська природа в її споконвічних шуканнях абсолюту залишилася незмінною... Суспільно- реконструктивний план соціалізму є надбудовою його філософської концепції, що має назву історичного чи економічного матеріалізму.

Економічний матеріалізм - це філософська доктрина, що в основу історичної еволюції суспільства кладе господарсько-виробничі відносини. Ці останні скеровують ціле людство лише в одному напрямі розвитку, що його наслідком є перманентна (безперервна) класова боротьба. Згідно з цією доктриною, життям керують не ідеї, створювані силою людського генія, духу й волі, а лише обездуховлені, механічні господарські процеси, що мають характер якоїсь фатальної, незалежної від втручання людей закономірності.

Щоправда, ідеї та воля людей грають певну роль в житті, проте вони самі після переконання соціалістів є лише результатом діяння цих механічних закономірностей і носять на собі їхнє тавро. Цю залежність людського творчого духу від мертвої матерії основоположник наукового соціалізму, Маркс, окреслив у своїй класичній формулі: «Побут означує свідомість».

Як бачимо, філософія соціалізму є наскрізь матеріалістична й раціоналістична; вона відкидає ідеалізм, зневажливо вважаючи його «неуцтвом»

(в сучасній практиці «побратим» соціалізму, московського комунізму - ідеалізм - це вже просто «контрреволюція» зі всіма випливаючими з того наслідками). Окрім цього, як вже згадували, марксівських прибічників характеру догми-релігії.

Пояснювати це явище треба не лише прикметами самої незмінної людської натури (навіть і обтяженої надмірно всіма атрибутами самовпевненого марксівського «всезнайства»), але й внутрішніми суперечностями філософії марксизму. Ці суперечності виявляються вже з побічного розгляду так званого діалектичного матеріалізму (діалектики), на якому базується світогляд соціалізму й комунізму. З одного боку діалектика відкидає ідеалізм і засади абсолюту, претендуючи на роль точної, раціоналістичної науки. Вона сприймає життя як невпинний рух, основою якого є протиріччя, що визначають саме буття. Розвиток усіх історичних явищ лежить так званому законі «трьох фаз», із яких остання незмінно приводить до вищого щаблю поступу.

Встановлюючи ці «закономірні» протиріччя, що стають якимсь «началом усіх начал», діалектика, сама того не помічаючи, повільно перетворювалася в містику, а спроби «наукового» обґрунтування згаданих «трьох фаз» суспільного розвитку завели її в глухий кут ортодоксальної схоластики. Прибічникам соціалізму нічого не залишалося, як прийняти її за містичну догму, «увірувати» в неї - опуститися до того, що заперечує сама раціональна природа діалектики.

Штучні, навмисно ускладнені претензійною науковістю теорії марксизму створили секту фанатиків-інтелектуалів, що своїми коментарями остаточно перетворили їх у недоступний для пересічної людини праліс словесної еквілібристики. Маси, що йшли за соціалізмом, не заглиблювалися в його світоглядну й філософську суть. Вони сліпо з вірою сприймали лише його влучні, ефективні гасла класової боротьби, соціальної революції та обіцянки нечуваного перерозподілу матеріальних багатств після принципу «хто був нічим, той стане всім». Так сама по собі спрощена, вульгарна концепція соціалізму при дотику з масами ще більше примітивізувалася, часто стаючи серцевина їхньої деморалізації.

Та швидко, окрім протиріч світоглядних, почала хитатися й сама, така струнка та логічна, на перший погляд, соціально-економічна програма марксизму. Нанесли їй перший удар самі ж таки соціалісти. Почався рух за перегляд марксівських теорій, знаний під назвою берштайнізму, що розколов єдиний раніше соціалістичний табір на ревізіоністів (прибічників перегляду) і ортодоксів (що стояли на старих засадах марксизму).

Перші сумніви запали відносно «безгрішності» схеми Маркса про концентрацію капіталу та закономірну пролетаризацію суспільних мас. Спостерігаючи початкові стадії творення капіталізму, коли він перебував у хворобливо-напруженому періоді змін старих продукційних відносин і промислових революцій, Маркс дійсно мав підстави ствердити процес гарячкового нагромадження капіталу й пролетаризацію мас. Він спромігся також швидко відгадати, в чому перспективи розвитку капіталізму, даючи їм наукове пояснення. Але від правильно відчутих симптомів до «становлення непогрішими закономірностей» була ще величезна дистанція! Цієї обставини не врахував Маркс, надаючи своїм спостереженням характеру фатального закону, що спирався на натягнуту мотивацію діалектики.

А втім, ревізіоністи запримітили, що хоч концентрація капіталу дійсно відбувається, проте далеко не тими темпами й шляхами, що їх заповідав Маркс. Незнані ще йому нові форми капітальних інвестицій і виробничих процесів призводили до того, що концентруючись і консолідуючись у світовому масштабі, капітал водночас виказував тенденцію до диференціації, тобто розділення між всезростаючим числом власників. «Закон» про неминучу ізоляцію кількісно зникаючого класу капіталістів в особі безмежно зростаючих спролетаризованих мас не виправдовувався.

Те саме сталося й з «законом» пролетаризації суспільства. Маркс мав рацію, коли заповів урбанізацію суспільства, в значній своїй частині позбавленого власних засобів господарської діяльності та існуючого лише з продажі своєї праці - фізичної чи розумової. Проте й ця еволюція не дала в своєму результаті обіцяного Марксом ефекту - матеріального зубожіння мас. Ми є свідками, що під впливом багатьох факторів (боротьба організованого робітничого класу з капіталістичним визиском, модерне соціальне законодавство та забезпечення, державний контроль господарського виробництва і т.д.) матеріальний і культурний рівень життя робітничого класу зростає, а умови праці поліпшуються.

Поруч із пролетаризуванням певних прошарків середніх класів відбувається також зворотний процес переходу пролетарів до середніх класів (дрібні власники, рантьє тощо), причому це явище найвиразніше проявляється в індустріалізованих країнах, тобто із нагромадженим капіталом, де після Маркса самі середні класи мали б підпасти неминучій пролетаризації.

З бігом часу виявилися й інші помилки теорії марксизму, над якими тут не спиняємося; вони цікаві лише для спеціалістів. Тут важливо підкреслити, що ревізія основних положень наукового соціалізму вплинула й на практичну політику об'єднаних в ІІ Інтернаціоналі соціал-демократичних і радикал-соціалістичних партій.

Після ортодоксального марксизму якраз закономірна концентрація капіталу й пролетаризація мас мусила створити реальні передумови класової боротьби та соціальної революції, що мала ґрунтовно змінити створений капіталістичною демократією суспільний і господарський лад. Коли ж ці засадничі «закономірності» виявилися проблематичними, то ще сумнівнішим ставав їхній очікуваний фінал - соціальна революція. Загнаний в сліпий кут суперечностей соціалістичний табір почав міняти свою політичну тактику.

Ця зміна відбувалася важкою для нього ціною внутрішніх конфліктів, вагань і потрясінь. Прийшов врешті час, коли революційність соціалізму, що вела за собою маси, заступила тактика опортунізму:

початкові непримиренні догми стали об'єктом пристосування до обставин... «стабілізації капіталізму». Шукати сьогодні однодумність та ясні відповіді у соціалістичних програмах - марна річ! Йдучи по лінії найслабшого спротиву, вони устами своїх авторитетів, зокрема Каутського, вже проголошують, що «успіхи соціалізму й капіталізму йдуть в однаковому напрямі (!). Соціалізм зацікавлений у розквіті капіталістичної системи (?). Чим успішніше розвивається капіталістичне виробництво, тим більше шансів на запровадження соціалістичного устрою... Якнайменше віри в об'єктивізм історичного розвитку!» і т.д.

Як бачимо, тут шкереберть вивертаються не лише програмні основи соціалізму, але й його історично-матеріалістична та діалектична суть. Важко вгадати, щоб сказав Маркс, коли б міг пізнати ці несподівані, викликані вимушеною спекуляцією теорії людей, що продовжують себе вважати його учнями та спадкоємцями!

Подібно до політичної демократії, соціалізм вже втратив свій початковий бойовий порив, перетворившись в еволюційну та змовницьку проти капіталізму течію. Революційними в цім лишилися самі гучні фрази... Тут позначилися на ньому не лише суперечності його доктрини, але й те, що обставинами свого політичного розвитку він був засуджений на положення не правлячої й майбутньої конструктивної цінності, а лише деструктивного та опозиційного проти існуючого ладу чинника. Для конструктивної, провідної ролі соціалізм не був підготовлений ані програмово, ані психологічно. Окрім претензій на «універсальність», сама його програма при глибшому її розгляді виявляє свою однобічність і недовершеність; це, насамперед, концепція розподілу вже існуючих матеріальних багатств, а не конкретний план їхнього творення.

Не дивно, що найбільшої поразки марксизм зазнав якраз тоді, коли після [Першої] світової війни, в ряді головних країн Європи обставини так легко передали йому до рук кермо й владу. В цих нових для нього умовах соціалізм не лише не зміг здійснити свою соціальну революцію, йому забракло сил, здібності та мужності навіть планово зрушити саму капіталістичну систему, що опинилася в його руках. Крім примітивної «експропріації» й анархії справа не пішла!

Заскочений несподіваними можливостями, не в міру галасливий, а водночас безчинний і розгублений ІІ Інтернаціонал здавав позицію за позицією.

Розчаровані у своїй вірі та надіях маси відверталися від нього... Страшного удару завдав соціалізму й його рідний брат - комунізм, що з'явився в той час на Сході. У той час в Європі на кін життя приходили нові сили, нові реформаторські рухи, зроджені стихією націоналізму. І під їхнім наступом соціалізм послідовно падає в Італії, на Балканах, в Мадярщині, Німеччині, Польщі, Австрії, Іспанії і т.д. Сьогодні, ще так недавно могутній і впливовий ІІ Інтернаціонал являє собою жалюгідне видовище руїни й катастрофи.

Оздоровлені свіжим ідеалістичним поривом і жагою творення нового життя, народи розпочали війну проти марксизму. Боротьба йде не так із цілою соціально-господарською концепцією соціалізму, як, насамперед, із його обездуховленим, механічним і матеріалістичним світоглядом, з його суперечною з законами життя інтернаціоналістичною та космополітичною природою. Слід признати, що соціалізм як політична течія відіграв у свій час і позитивну роль в ділі боротьби робітництва з капіталістичним визиском за здобуття своїх прав на культурний, правовий і матеріальний розвиток. Певні корисні елементи соціалістичної концепції пристосовуються та пристосовуватимуться до життя й новими реформаторськими рухами. Натомість справжнім історичним злом марксизму є його світоглядні основи. Війна з ними - це війна живих майбутніх ідей із отруйною мертвечиною діалектичної схоластики, що примітивізує й вульгаризує духовне єство людини та суспільства.

Соціалізм в упадку! Самопевний у своїй «глобальній» місії, він, щоправда, спромігся зрушити й надщербити гнилі основи політичної демократії, але далі самий розгубив свої шляхи... Рештки колись потужних, соціалістичних кадрів шукають порятунку. Частина їх знаходить його в ще більшому змовницькому симбіозі з капіталістичною дійсністю, інші знову бачать вихід у поєднанні з комунізмом. Безладні спроби ІІ Інтернаціоналу творити «єдиний фронт» з ІІІ (московсько-комуністичним) Інтернаціоналом - це ніщо інше, як вияв розкладу соціалістичного табору. Очевидно, що як подальший опортуністичний симбіоз із капіталізмом, так і поєднання з комунізмом нічого доброго не віщують соціалістичному руху.

Скинутий із шахівниці перспектив, він послідовно котиться по похилій площині, щоб зазнати остаточного краху та втратити самостійну політичну роль.

III. КОМУНІЗМ

В площині світоглядній і теоретичній - комунізм і соціалізм тотожні явища. їх обох зродила спільна доктрина марксизму, з її матеріалістичним розумінням історичного розвитку, діалекти кою, класовою боротьбою, соціальною революцією та планом створення бездержавно-інтернаціонального соціалістичного суспільства. Кажучи теоретично, комунізм є продовженням і практичним завершенням соціалізму. Саме таке розуміння комунізму виявив і творець так званого наукового соціалізму- Карл Маркс.

А втім і організаційно, комунізм виріс із соціалістичного руху, з лона соціал-демократичної партії, що офіційно представляла марксизм. Розкол раніше єдиного соціалістичного руху почався перед декількома десятиліттями й особливої гостроти набрав в колах московської соціал-демократії. Але комуністичні елементи і після цього ще довший час не пори-вали зв'язків із соціал-демократичною партією - творячи в ній тільки внутрішню опозицію та маючи навіть однакову партійну назву, лише з зазначенням своєї фракційності. Ця комуністична фракція дістала назву «соціал-демократів

більшовиків» (під проводом Леніна), у відмінність решти московської соціал-демократичної партії, яку відтоді називають «меншовицькою».

Щойно після жовтневої революції в 1917 році в Росії, комуністичний рух, вже оформлений у самостійну партію ВКП-б (Всеросійську Комуністичну Партію більшовиків), остаточно пориває всі зв'язки з об'єднаною в ІІ Інтернаціоналі соціал-демократією та створює ІІІ Інтернаціонал або, інакше кажучи - Комінтерн (Комуністичний Інтернаціонал). Під керівництвом Комінтерну, починає відтоді комуністичний рух ширитися і у інших країнах світу - оформлюючись в окремі, але підпорядковані Комінтернові, місцеві партії.

Початковою причиною розколу московської соціал-демократії на «більшовицьку» й «меншовицьку» були не так теоретично-світоглядні, як насамперед програмно-тактичні розходження. Соціалістичний рух набрав тоді вже поважного значення в багатьох країнах світу і зі стадії теоретичної течії перетворився у впливовий чинник практичної політичної дії. Та якраз ця, ніби сприятлива для нього, обставина і викликала найбільші ускладнення для соціал-демократії. Бо водночас з її організаційним розвитком і збільшенням політичних впливів, серед її теоретиків почала посилюватися тенденція до ревізії теоретичної спадщини Маркса.

Цей ревізіоністський перегляд «законів» Маркса,

який довший час відбувався в гарячковій атмосфері пристрасних дискусій, привів до того, що хай і безпідставна в претензіях на «безгрішність», але пориваюча своєю суворою суцільністю та імперативністю, початкова доктрина марксизму розгубилася в лабіринті нових, часто спекулятивних і компромісних теорій і теорійок... Розслаблена цими внутрішніми суперечностями, соціал-демократія не могла оформити і свого чину на якомусь конкретному плані. Чим далі, тим усе виразніше її максимальна програма ставала порожніми фразами без змісту (і без віри в її реальність), а мінімальна - перетворювалася в осердя замаскованого вростання соціалістичного руху в умови, створені його ворогом - капіталізмом. Соціал-демократія все більше опортунізувалася, втрачаючи свою колишню революційність; її тактика (як твердили представники її радикального крила) вела сам соціалізм до капітуляції.

Ці процеси викликали особливо гостру реакцію в колах тих московських фанатиків марксизму, що не хотіли розмінювати його бойових постулатів під впливом навіть найтяжчих реальних обставин. Серед тих непримиримих був Ленін... Добачаючи можливість створення соціалістичного ладу не в самих «об'єктивних» (і при цьому інтерпретованих на різні лади) закономірностях соціально-економічного розвитку, а насамперед у соціальній революції - Ленін висунув призабуте вже соціал-демократією гасло прямої революційної дії. Отже, коли репрезентований II Інтернаціоналом офіційний соціалізм фактично вростав у капіталістичний устрій і в своїй політичній тактиці користувався опортуністичною мінімальною програмою еволюції, то Ленін проголошував капіталізмові війну, ведену на базі непримиримої максималістичної програми революції. Саме ця революція мала здобути соціалізмові вирішальну перемогу та перевести його до логічного завершення - комуністичного устрою світового суспільства.

Як бачимо, в єдиному раніше таборі соціал- демократії стали проти себе дві опозиційні, а згодом і ворожі ґрупи: революційні максималісти й еволюційні мінімалісти. Звідси вийшли й назви: «більшовиків», тобто тих, що обстоювали революційну максимальну програму і «меншовиків», що схилялися до опортуністичної мінімальної програми й тактики.

Ленінові годі було відмовити в прозорливості й у правильному відчутті двигунів життя.... Коли західно-європейська, а під її впливом і московська «меншовицька» соціал-демократія, потопали в хаосі мертвої й бездушної теоретичної схоластики, Ленін відчував, що перемога комуно-соціалізму залежить, насамперед, від духовно-вольового напруження акції. Фанатик марксизму, він водночас визначався певними внутрішніми прикметами, що скорше характеризують визнавців волюнтаристичного світогляду... В цьому парадоксі знаходила, зокрема, свій вияв і московська духовність з її «роздвоєністю» й суперечностями, яку Європа визначає багатозначним (але безпідставним терміном «L'ame slave»... («слов'янська душа»).

Бо подібними внутрішніми прикметами характеризувалася і більшість московських соціалістів, відрізняючись цим від західно-європейських, дарма, що виходили вони з аналогічних доктрин і теорій.

На це склалися особливі матеріальні й психологічні причини.

В Європі соціалістичний руху значній мірі викликався реальними соціально-економічними умовами, що їх творив там вже розвинений промисловий і фінансовий капітал. Це надавало європейському соціалістичному рухові не чуттєво- емоційних, але практичних матеріальних прикмет.

Тут боротьба відбувалася на базі конкретно існуючих суспільних і господарських відносин, втягуючи в соціалістичний рух, окрім робітничих мас, поважні кадри практичних діячів у політиці, які мали неменший вплив, аніж кабінетні теоретики марксизму.

Інші обставини були в Росії. Її примітивна соціально-економічна система, яка до останнього часу мала ще деякі залишки феодалізму і режим абсолютистської монархії не творили реальних передумов і практичних можливостей для розвитку соціалізму. Робітничий клас там не міг бути ґрунтом для його ідей з тієї причини, що його в старій Росії власне не існувало (в європейському розумінні).

Тим менше надавалося до цього пів дике і темне московське селянство (абстрагуючись, що селянство марксизм узагалі не вважав відповідним матеріалом для соціальної революції). І сталося так, що ідеї марксизму полонили ту частину московського суспільства, яка властиво до його теорій не мала ніякого реального відношення, а саме інтелектуальну еліту – інтеліґенцію, або навіть буржуазію (цей факт доволі дивно виглядає на тлі безапеляційного твердження марксизму, що тільки «побут визначає свідомість...»). Не маючи в умовах існуючого в Росії соціально-політичного ладу ніякої змоги застосувати соціалістичні теорії в практичному житті, всі ці інтелектуали перетворювали їх у своєманітну романтику, де реалізм замінювався чуттям, мріями, серцем і сентиментальними емоціями - отже тими виявами, що від марксистських «закономірностей» стояли доволі далеко... В цей спосіб задушена абсолютистським царатом московська інтелектуальна еліта шукала виходу для своєї суспільної активності.

Утворенні згаданих прикмет московського соціалізму, певну роль відіграли й особливості московського духу та психології. В них глибоко, від віків, закорінені основи своєманітної містики, що надають їм то характеру пасивної «стоячої води», то раптового стихійного шалу... Московську духовність визначає якась хвороблива роздвоєність, органічна нехіть до позитивних конструкцій; рвучкі хаотичні пориви з їх тенденцією заперечувати закінчений духовний лад і спрямованістю до містичного невідомого. В цій духовності парадоксально сполучається релятивізм і фанатизм; аскетизм і буйна «широка» натура; нехіть до самодисципліни, а водночас нахил до деспотизму; нігілізм і пристрасна снага до догматів і «вічних прав». Ця її субстанція виділяє з себе якісь отруйні випари, що вражають позитивний у своєму творчому укладі дух Окциденту й є для нього деструктивними.

Вся політична й культурна історія Москви характеризується цими духовними катаклізмами, що при всій своїй глибині мають незмінні в часі прикмети якоїсь патології, яка вульгарно спрощує різноманітний світ ідей і явищ, замінюючи їм зміст і якість зовнішніми формами божеського фетишу.

Так було протягом останніх століть, коли московські маси йшли добровільно на костриська в спорі між собою - трьома чи двома «перстами» хреститися; має чи не має бути якась літера в церковних книгах? Пізніше ці характерні психологічні риси виявилися в примітивному «народолюбстві» московської радикальної інтелігенції, в хворобливому душевному «самоколупанні» достоєвщини, в нігілізмі «нечаєвщини», в «цареславному» ідолопоклонстві і, нарешті, в московському більшовизмі! Духовне напруження москаля ніколи не буває радісне і творче; його незмінно супроводить істерія, аскетизм, якась фатальність і нездорова екзальтація (втому, що більшовизм ввів у свою практику так званий «ентузіазм», немає нічого випадкового...).

Продукт московського духа й культури, Ленін переніс усі ці прикмети і на свій комунізм. Останній творила секта непримирених фанатиків, що жили й діяли силами екзальтованого духовно-волевого напруження. Ленінську «стару Гвардію» визначав гарячковий ідейний порив, спрямований до здобуття поставлених цілей; це власне кажучи були аскети-містики, що ціль свого існування бачили в боротьбі за уявні теорії. Комуністичний рух у Росії, змагаючись за панування марксової матеріалістичної концепції в світі, водночас сам живився силами волевої й ідейної цілеспрямованості!

Це й визначило його перспективи. Бо коли прийшла вирішальна година, він - нівелюючий усі вартості, усуваючи всі сумніви, вульгарно- примітивний у своїй ідейно-програмній концепції, але водночас непримиримий, волевий і рушійний - лише він міг опанувати розв'язану революцією московську народну стихію. Що могла розгублена, канцелярсько-академічна, засохла в своїм бездушнім доктринерстві «меншовицька» соціал-демократія протиставити своєму ідеологічному й генетичному «побратимові» - комунізмові в боротьбі за маси?.. Його прямолінійним і вражаючим свідомість московського пів дикуна гаслам: «Грабуй награбоване...»,«Війна палацам, мир хатам»? Не дивно, що саме комунізм опанував московські маси.

Вожді сучасного більшовизму багато пишуть і говорять про перемогу марксизму в СССР. Між тим ніщо інше, як саме більшовицька революція та її наслідки, так яскраво не заперечує теорії Маркса про механічну «об'єктивність» історичного розвитку та його закони соціальної революції. Ніде правди діти... Коли би Ленін (подібно до деяких соціал- демократичних теоретиків) покладався на самі «закономірності» марксизму, то напевно йому не довелося б дочекатись перемоги. Історія, ніби для глузування над Марксом, створила парадокс російської революції.

За Марксом, соціальна революція мала насамперед назрівати в країнах посиленої концентрації промислово-фінансового капіталу й пролетаризації мас. Отже економічний і головне - індустріальний розвиток цієї країни, зумовлював її «зрілість» для

революції. В 1917 році Росія з її малорозвиненою соці-
ально-економічною системою, в якій ще проглядалась
спадщина недавнього кріпацько-феодального устрою,
ніяк не могла служити органічним, підпорядкованим
марксовим об'єктивним закономірностям, основою
для соціалізму і комунізму. За логікою доктрини,
революційні зриви стояли на порядку дня в західних
індустріалізованих країнах. Сталося навпаки! В еконо-
мічно розвинених державах Заходу комунізм не
утворив іспиту; натомість, відстала від них на декілька
десятиліть Росія зовсім неочікувано першою стала
територією комуністичного експерименту.

До питання, які це створило наслідки для самого
комунізму - ми ще повернемось. Тут хочемо ствер-
дити, що сам цей експеримент промовисто заперечує
діалектичне твердження марксизму про виключне
значення механістично-матеріалістичних факторів у
подіях історії. Він доводить, що на процеси історії має
величезний вплив виявлені в активному чині людські
дух і воля. Цю «контрреволюційну метафізику» Ленін
із однодумцями висміювали й переслідували терором...
Між тим, під фактичним впливом цієї «метафізики»
проходила і їхня діяльність у підготовці та проведенні
революції. Коли би не це - не існував би сьогодні
Совєтський Союз!

Захопивши владу в Росії, комунізм (більшовизм)
одразу перекреслив існуючий політичний і господар-
ський лад та його правові норми. Мало цього, у
своєму гарячковому пориві, він одним махом хотів
знищити старі форми суспільного існування, весь
духовно-психологічний уклад життя, змінити уяву про

людину, мораль, дійсність і майбутнє... Він змагав зокрема не лише до усуспільнення всіх засобів господарської продукції та знищення приватної власності (!), але й до цілковитого зрівняння всіх людей у життєвому побуті та потребах.

Як бачимо, комунізм ставив перед собою величезні завдання! На засадах соціалістичної доктрини - він був послідовний. Проте, на практиці цей суспільний лад міг бути здійснений не через саме формальне встановлення відповідної устроєвої системи, але хіба за умови цілковитого переродження людей.

Просякнений справді містичною вірою в свою історичну місію, оп'янілий від успіхів перших перемог, московський більшовизм не роздумував над труднощами. Він увесь творив із себе волевий, фанатичний порив у майбутнє. З такою настановою довелося йому вперше зійтись у герці з реалізмом життя...

Виходячи із положень марксизму, більшовизм ставив собі за завдання створення інтернаціонально-бездержавного й безкласового соціалістичного суспільства. В протилежність до офіційної соціал-демократії, що визнаючи ці самі засади в теорії, зреклась їх на практиці та використовувала проти капіталізму опортуністичною тактикою еволюції - комунізм хотів здійснювати їх негайно, терористичними методами соціальної революції. Терен Росії, де він опанував владу, був для нього спочатку тільки вихідною базою для дальшого розгортання пролетарської революції, що мала знищити капіталізм і в інших державах та запровадити комуністичний лад у світовому масштабі.

Та поки мова про світову революцію - комунізм одразу став перед невідкличним завданням ліквідувати на теренах Совєстького Союзу всі ті ворожі йому сили, що грозили розсадити його самого з середини. Для цього створив він відповідну форму державного устрою, що з одного боку прикривалась соціалістичною теорією, а з другого - відповідала його власним завданням та інтересам.

Так зродилася система «совєтів» у межах СССР, оперта на режим так званої пролетарської диктатури. На базі трьох основних засад: політичної диктатури, соціалізації засобів господарського виробництва та комуністичного споживання матеріальних благ- почав комунізм після жовтневої революції в 1917 р. здійснювати свої реформаторські суспільні завдання...

Часи, що про них тут згадуємо, стали для сучасного більшовизму (сталінізму) вже далекою історією! Суб'єктивний розгляд його практики впродовж уже майже чверті століття вказує, що він цілком змінив свою початкову внутрішню суть і форми. За цей час комунізм перейшов складну еволюцію власної дегенерації, самодеградуючи до сталінізму. Формально сповідуючи старі догмати, сталінський більшовизм практично давно вже відмовився від теорій, що стимулювали творчу силу первісного комунізму в часи його революційної «весни». Сьогоднішня більшовицька доктрина (коли цим терміном взагалі можна назвати хаотичне нагромадження «словоблудів» сталінізму!) - це вже не марксизм, навіть не ленінський комунізм; це «сталінізм», в якому безграмотна схоластика примітивної первісної догми змішана з диктованими життям

і виродженням комунізму спекулятивними компромі-
сами. Те саме бачимо і у практичній політиці більшо-
визму; його «генеральна лінія», що заміняла попередню
пряму революційну дію, уявляє з себе справжній «гор-
діїв вузол» непримиримих внутрішніх і тактичних
суперечностей.

Які причини самодегенерації комунізму? Шукати їх
треба насамперед у самій його концепції. Основою її
був суспільний безкласовий колектив, зрівняний в
умовах матеріального існування. Проблема комунізму
виходить із матеріалістичних основ, але вона є насам-
перед психологічною проблемою. Як ми вже вказу-
вали вище, реалізація ленінського комунізму залежала
не так від механічного запровадження його соціально-
економічних форм, як перш за все - від глибоких змін
духовного порядку та психології індивідуальності й
цілого суспільства. Вагу цього психологічного
фактора розумів і Маркс, але зв'язаний матеріалістич-
ним світоглядом та діалектикою, він не міг дати йому
іншої розв'язки, як у своїй славнозвісній формулі:
«побут визначає свідомість».

Недооцінення цих психологічних факторів відби-
лися на комунізмі катастрофічно! Бо здобувши владу
й пов'язані з нею, здавалося б необмежені можливості
для свого доктринерського експериментаторства, він
після довшої боротьби сам опинився в полоні ворожої
йому психологічної стихії. Покликаний її асимілю-
вати, він сам підпав під її асиміляцію. Закони життя
та випливаючі з них органічні прагнення людської
індивідуальності, виявилися сильнішими від жаху
більшовицького терору та його згаданих цілей.

Причини цього явища полягають не лише в консерватизмі психологічного й духовного укладу суспільства, але й у його інстинкті самозбереження, що протиставляється антисуспільному характерові комунізму. Це твердження для декого може здаватися тенденційним; мовляв - чи ж можна рух і ідеї, що змагають до усунення соціальної несправедливості і запровадження рівності людей, вважати антисуспільним, руїнницьким?

Проблеми рівності й нерівності занадто складні, щоб їх розглядати в цьому місці засаднично. Вкажемо тільки, що основи рівності ми взагалі вважаємо безпідставними у самих процесах світобудови. В обмеженому ж соціальному чи суспільному плані, абсолютна рівність стала б чинником суспільного регресу. В житті суспільства діють засади кількості та якості (квантитативні й квалітативні) і власне ці останні творять багацтво явищ життя, зводячи різноманітність творчого світу до гармонії, що саме й визначає корисний для цілого суспільства прогрес. На самій матеріальній базі нівелююча рівність ніколи не обмежується; вона закономірно тягне за собою нищення й таких суспільних і духовних основ, що стимулюють якісний розвиток - зводячи життя до панування кількісного, не продукуючого, а тільки споживаючого примітиву.

Деформуючи творче існування, пропагована комунізмом матеріальна рівність сама по собі є цілковитою утопією. Що це саме так, може краще за нас засвідчити саме більшовизм, що своїм сучасним устроєм подає страшні зразки справді варварської нерівності!

В своїх постулатах колективної рівності, комунізм був, зрештою, навіть не оригінальним.

Історія суспільних ідей, устроїв, реформаторських та релігійних рухів знає чимало спроб творення «раю на землі», побудованого на рівності та альтруїзмі. Тим менше було підстав сподіватися, що місію завершить обездуховлений матеріалістичний комунізм!

Так і сталося! Заповіданого «раю», з його рівністю, комунізм не створив і його сталінські адепти давно вже відмовилися від цієї мети. Натомість, він таврував нашу сучасність усіма неґаціями свого фатального внутрішнього змісту. Антисуспільне значення комунізму криється не лише в його економіці, суспільних тенденціях і заповіданих революціях. Руїнницький зміст комунізму лежить насамперед в його світогляді. Пояснюючи всі вияви життя самою діяльністю матеріалістичних факторів, здвигаючи на п'єдестал дикунського обожування матерію, брутально попираючи ногами різноманітний світ ідей і зводячи найважливіші проблеми та вимоги людського духу до значення «контрреволюції» - комунізм (більшовизм) обездуховлює, каструє і паралізує в творчих можливостях той фактор, що завжди був, є і буде основною передумовою духовного й матеріального прогресу: живу людину!

Помиляється той, хто думає, що ці прикмети комунізму лише тимчасові, поки він остаточно не переміг, що пізніше він таки створить нову еру культури й цивілізації. Бо його примітивізуюча й нівелююча всі цінності природа (таким є, зрештою, самий марксизм) незмінна. Трактуючи людину тільки за «лабораторний препарат» для скальпеля своєї діалектики, вихолощуючи в ній усі духовні творчі першооснови - він тільки й може випускати її зі свого «операційного столу» у світ однобоким примітивом, варваром! А примітив ніколи не здібний творити майбутніх вартостей. В кращому випадку, він їх тільки споживає, в гіршому - ще й руйнує створене іншими. Практика московського більшовизму дає цьому твердженню невичерпний реєстр страхітливих прикладів!

Комунізм (більшовизм) - це не центр розвитку й удосконалення життя; це вигадана самоціль, що їй життя мусить підпорядкуватися до останку. І горе тому, хто зважиться думати, бажати, а тим більше діяти всупереч тій самоцілі! Той у пазурах більшовицького варварства буде знищений фізично. Коли ж і врятує себе, то лише за ціну самовідречення, перетворення себе в механічного «робота» комуністичної системи - без власної душі, волі, розуму, бажань і прагнень. Всіма двигунами його внутрішнього «я» буде керувати відповідний параграф, опертий на формулах: «Так сказав Маркс...», «Так сказав Ленін...», «Так сказав Сталін...»!

Коли б комунізм справді запанував в світі, то суспільство закономірно й усе глибше падало б у прірву духовного примітивізму та культурного здичавіння. Складну й величаву лабораторію життя, з грою його розвиткових сил, ідей і волевих пристрастей, змінила б сіра «кузня» комунізму, де «конвеєрним» порядком штампувалась би стандартна людина - робот.

Спроваковані більшовизмом у перших часах революції й опановані ним народи СССР скоро відчули всі його деструктивні прикмети. Вони зрозуміли, що іти з більшовизмом - це значить стрімголов летіти у прямовисну безодню! І слухаючи голосу інстинкту самозбереження, протиставили йому свою психологічну стихію. Почались справді епохальні в своїй грандіозності змагання. Приховані від зовнішнього світу, роками точаться вони - жорстокі, з гекатомбами людських жертв!

З одного боку барикади була матерія - озброєна в усі можливі ознаки терору; з другого - безборонний, але сильний бажанням жити, дух. Боротьба йшла за перемогу духовності, за національні й суспільні ідеали, за вірування, за мораль, за етику, за любов, за родину, за побут, за право індивідуальної творчості, за саму можливість існування задушених кривавим чоботом більшовицького доктринерства.

І цей дух вже перемагає! Назверх ця перемога ще не проявляється в таких виразних формах, щоб її міг бачити зовнішній світ. Орієнтації світу в тих внутрішніх процесах, що відбуваються в СССР, всіма силами перешкоджає совєтська влада й для цього намагається відгородитися муром від зовнішнього оточення. Але тим не менш ця перемога є вже фактом. Надломлений нею в своїх основах, більшовизм відступає. Претендуючи колись на роль чинника, покликаного безкомпромісно ламати й пристосовувати до себе життя, він тепер сам змушений пристосовуватися до накидуваних йому реальною дійсністю обставин. Офіційно, більшовизм ще зберігає своє теоретичне «лице», але зміст його цілком уже не той, що був у часах первісного революційного буревію.

Сталінізм - це рештки вже неактуальної комуністичної догми, що в цілості підпорядкована тактиці вимушених життям компромісів.

Психологічна поразка комунізму відбилася й на його політично-економічний системі. Державна організація теоретично була для комунізму тільки перехідним етапом до часу дефінітивного закінчення світової революції, що мала у своїх наслідках знищити капіталістичний лад і збудовані на ньому держави. Таким чином, створення совєтської держави було спочатку для більшовизму тільки «прикрою необхідністю», що мала забезпечити йому опорну базу для подальшої боротьби за перебудову світу на бездержавних засадах.

В ідеї, совєтський устрій мав створити незнану ще систему демократії виробників (пролетаріату). Все населення СССР було поділене на дві категорії - «працюючих» і «непрацюючих». Перша категорія формально набувала всі громадсько- політичні права; друга позбавлялася не лише цих прав, але й можливості одержувати продукти усуспільненого господарства. Конституція визнавала за органи державної влади так звані «совєти», які теоретично мали складатися з виборних представників працюючих, формально ставати організованим виявом народного суверенітету.

В дійсності ж, уже на початку всю повноту влади в совєтській державі захопила комуністична партія в якості «провідного авангарду пролетаріату і світової революції». Зосереджуючи у своїх руках усі ділянки державного, господарського і суспільного управління, тримаючи під червоним терором усі вияви життя, діяльности і почувань народів СССР - компартія запровадила режим своєї диктатури, що офіційно ототожнювалася з «волею пролетаріату». Так було створено передумови, при яких на послугах компартії стала сама держава й ціле її населення, а сама вона почала перетворюватися в кліку. При такому стані речей, всі конституції СССР, що їх час від часу все наново «перередаговував» совєтський уряд, мали тільки значення фікції.

Ми не маємо тут можливости довше спинятися над розглядом процесу внутрішнього розкладу більшовицького партійного активу. Вкажемо тільки, що з кожним роком цей процес усе поглиблювався й дійшов тепер свого завершення у формах сталінського режиму. Режим Сталіна - це вже навіть не диктатура компартії, це нічим не обмежувана автократична деспотія людини, що звівши себе самого на височінь «геніального вождя» й «отця народів», порядкує життя величезної країни по власній уподобі, спираючись на гурт підібраних преторіанців - «апаратників». Так більшовицька диктатура, з початкового засобу досягнення поставлених програмних цілей, перетворилася в персональний режим сталінізму, що став самоціллю.

Сталінізм - це логічний наслідок примітивної програми більшовизму, що свою ціль добачала в механічному спрощуванні всіх різноманітних елементів життя та здійснювала її методами брутального, кривавого терору. Хвора концепція не могла створити

здорових форм суспільного існування! Всяка дикта-
тура, коли вона оперта на постійному політичному
терорі і вдушенні всіх виявів самодіяльності народу
стає ціллю в собі; вона водночас закономірно звужує і
ту нетривку базу, на якій сама тримається. Так
сталося і з диктатурою більшовизму. Опанувавши
владу та посівши всі зв'язані з нею соціальні привілеї і
матеріальні користі - більшовицька кліка все більше
замикалася в собі. Вслід за «нетрудовими» елемен-
тами, від неї стали відриватися й ті соціальні верстви,
які спочатку йшли за нею та її підтримували: робітни-
цтво й селянство.

Боротьба з нетрудовими, паразитними верствами
(на них устрій монархічної Росії був справді дуже
«багатий»!) не могла сама по собі викликати запере-
чень. Справді - в кого вони могли збуджувати симпа-
тії?! Вся справа одначе в тому, що в цій соціальній
реконструкції практичні методи більшовизму цілком
розійшлися з його теоретичними цілями. Поділ на
«трудові» й «нетрудові» верстви давно вже перестав
бути актуальним в суспільних і продуктивних відно-
синах СССР. Застосовуючи його й тепер - сталінізм
керується в своїх критеріях не соціальними, а полі-
тичними міркуваннями: «певна» чи «непевна» ця людина,
чи ця ґрупа людей пануючій кліці?.. Сучасність і соці-
альна структура СССР визначається новою вража-
ючою нерівністю. Право на існування мають там лише
«преторіанці» сталінського режиму. Це всі ті без міри
обдаровані рангами, почесними званнями й медалями
«герої Совєтського Союзу» - маршали, комісари,
«орденоносці», «стахановці» й «висуванці». Ці справді

мають усе, що тільки дати їм може голодне, босе, обідране населення сталінського «раю»! Але цих щасливих вибранців режиму тільки зникаюча меншість! Всі ж інші, засуджені на варварське животіння, на сліпий послух пануючій кліці, на роль знаряддя варварського режиму. Цих була багатомільйонна більшість!

Переродження компартії в замкнену касту пануючих бюрократів, змінило її дух і психологію, її революційні пориви згасли. Сучасне її бажання - це бажання безжурного вживання плодів «соціалізму»... для себе самої! Теоретичні ідеали, змагання, нове життя, нова людина - де всі ці кличі, що колись захоплювали «стару Гвардію» Леніна й казали їй кривавитися на революційних барикадах?! Ця «стара Гвардія» давно вже зогнила в підвалах ГПУ, а її ідеали для сталінських можновладців - це вже не більше, як «лєвацкая балтавня»... Всі вони стали вже політичними «реалістами»!

Поряд з цим переродженням компартії в бюрократичну кліку, змінилися погляди сучасного більшовизму й на істоту та мету держави. Ця остання вже перестала бути для нього тільки «прикрою необхідністю»... За інерцією ще й тепер виголошуючи святочні інтернаціональні й соціалістичні формули, сталінізм на ділі служить культові великодержавності і то великодержавності московської, відновивши традиції колишніх царів. Це й не дивно. Поставивши своєю ціллю утримання влади для самої влади, більшовизм неминуче мусив спертись на ту організаційну базу, яка цю владу може найкраще забезпечити: на державу.

Він звичайно не проти того, щоб при слушній нагоді посісти й цілий світ при допомозі «пролетарської революції»... Але де є певність, що це вдасться? Хто може ручитись, що при збройному зіткненні із зовнішніми державними потугами, Совєтський Союз не розвалиться як гарбуз під ударом дрючка?! Тому більшовизм воліє задовольнятися наразі тими можливостями панування, які дає йому СССР. «Краще ворона в руках, аніж орел у небі» - такою є сучасна політична філософія сталінізму. Ця психологія самозбереження вже роками визначає політику Совєтського Союзу. Вона була підставою творення сталінської концепції «соціалізму в одній країні» (у внутрішній політиці); вона також з'ясовує складні маневри сталінізму в політиці зовнішній.

Коли скоро після опанування влади, більшовизм відірвався від народних мас, а згодом почала творитися глибока прірва між кадрами компартії та її провідною верхівкою, то в останніх роках підпала процесам розкладу й сама ця верхівка. Періодичні «чистки» компартії, терористична ліквідація її «старої гвардії», розстріли найвищих командирів червоної армії й керівників державно-політичного апарату- ось майже повсякденні явища, що характеризують режим сталінізму. І що варто підкреслити, ці явища виникли як певна закономірність саме тоді, коли сталінізм прийняв нову совєтську конституцію, що її деякі наївні чужинці дотепер схильні вважати за «найбільш демократичну у світі»... Як бачимо, до існуючої державно-устроєвої концепції більшовизму неможливо підходити з якими-небудь теоретичними критеріями. Бо вона не більше, як парадокс, створений суперечностям життя и первісної комуністичної доктрини.

Більшовизм не спромігся справитися з поставленими теоретичними завданнями й у плані економічному, що був головною підставою для його соціального експериментаторства. Найбільш класичною і додержаною в дусі комуністичної доктрини епохою був так званий воєнний комунізм. Совєтська влада декретним порядком скасувала тоді приватну власність, особисту господарську ініціативу, товаровий грошовий обіг і всі закони господарського виробництва та обміну. Замість цього совєтську економіку опанувала однобока концепція розподілу нагромаджених ще перед революцією матеріальних багацтв, без спроможностей їх нового творення. Воєнний комунізм був фактично поверненням до часів так званого натурального господарства з його примітивним обміном: він означав деградацію економічної системи на століття назад.

Це швидко зрозумів і Ленін, скасувавши воєнний комунізм і запровадивши «нову економічну політику» (НЕП), що тимчасово знову відновила обмежену власність і приватну ініціативу в господарському виробництві. НЕП був першою поразкою комунізму з його економічними теоріями загальної «уравніловки». Зійшовши на манівці власної доктрини, більшовизм до неї вже не повернувся. Логіка економічного розвитку та психологічна стихія народних мас невмолимо штовхала його до повільної реставрації так легко знищених і так важко відновлюваних законів і засад економічної системи, з її комерційним розрахунком, законами собівартості, оплати праці згідно з ознаками кваліфікації та грошовим ринковим товарообміном.

На невдачах більшовизму в економічній політиці відбилася насамперед та обставина, що самий марксизм, теоретично зорієнтований на чисто деструктивну фазу соціальної революції, не давав конкретного плану організації соціалістичного виробництва, а тим більше комуністичного розподілу його продуктів. Фатальний вплив мало й те, що більшовизм, всупереч марксовій теорії про закономірність економічного назрівання соціальної революції, опанував владу якраз в Росії, де цих «закономірних» передумов зовсім не існувало. Цей парадокс змусив Леніна наспіх виробити... нову теорію, що вже емансипувала процеси соціальної революції від її економічної зрілости... В умовах терористичної диктатури компартії, її вождеві вільно було конструювати які завгодно спекулятивні теорії! Та практично це справді не помогло. Бо як із самого дерева і глини неможливо збудувати складну машину, так і нерозвинена економічна система Росії не могла стати базою для соціалістичної реконструкції.

Ціла історія «п'ятирічних планів соціалістичного будівництва» в СССР - це історія безпомічних компромісів фантастичної доктрини з переможними законами економіки та її розвитку. В економічному відношенні, сталінізм - це не комунізм і не соціалізм; це своєманітна форма державного капіталізму, де основні методи приватновласницької капіталістичної системи невдало поєднані з урядовим етатизмом і планувальним бюрократизмом. Більшовицький етатизм і бюрократизм в економіці, відкинувши якраз найбільш життєві елементи капіталістичного устрою, абсорбував у собі його негативні риси: монополізм, визиск праці й соціальну нерівність. У результаті, на тлі матеріально ожебраченої країни (яка водночас володіє величезними багатствами) утворився економічний устрій «переганяння Америки», керований не господарською та суспільною доцільністю, а інтересами пануючої кліки, що забрівши в сліпий кут, вже не має з нього виходу.

За умови подальшого існування СССР - життя закономірно все далі штовхало б совєтську економіку на шлях все більших суперечностей, все далі й далі від її первісної доктрини.

Економічна еволюція більшовизму проходила в умовах довгих і складних опозиційних потрясінь всередині компартії, для з'ясування яких було б потрібно багато місця. Тут тільки ствердимо: сучасна «Генеральна лінія» Сталіна, з її індустріалізацією, колективізацією й концепцією «соціалізму в одній країні» - це спроба узгодження різних внутрішньопартійних розбіжностей та пристосування до інтересів режиму. Головним же чином - це колишня програма одної з опозиційних фракцій компартії: троцькізму. Знищивши троцькізм у боротьбі за владу, Сталін услід за цим сам позичив певні елементи його економічної програми. Але для троцькізму ця політична програма була лише частиною загального завдання, що полягало в пришвидшенні світової революції.

Сталін був змушений відкинути революційну

концепцію троцькізму та замінив її баламутною теорією «соціалізму в одній країні», що означала замаскований відворот від початкових революційних теорій. На цю нову тактику сталінізму вплинули: національно-консервативне й програмне переродження московського більшовизму, його внутрішня слабість і крах міжнародного комуністичного руху.

Сучасний більшовизм - це сполучення гіперетатизму з державним капіталізмом, що базуються на режимі автократичної диктатури.

Опорою цього ж режиму служить система терору, як вирішального засобу самозбереження пануючої в Кремлі кліки та її порятунку від наступу внутрішніх ворожих стихій. Ось реальні наслідки «найбільшого в історії» комуно-соціалістичного експерименту! З грандіозних мрій і гучних «місій» - зродилася понура, варварська «совєтчина», яка й після свого зникнення ще довгі десятиліття викликатиме жах і огиду в споминах людства!

Ми вже згадували, що при всьому своєму теоретичному інтернаціоналізмові, більшовизм був і є еманацією московського духа й психологічної стихії, що позначила своїми прикметами й створену більшовизмом державну організацію. В СССР гасла інтернаціоналізму парадоксально сполучаються з московським імперіалістичним месіанством; ідеї найбільших «гуманістичних» утопій співіснують із режимом терору та брутальним нищенням індивідуальності; матеріалізм співживе з містикою, «поступові» соціалістичні теорії годяться з вражаючою соціальною нерівністю, а гасла «нової людини» - з огидним у своїй зашкарублості міщанством. Але що найважливіше - це те, що прибраний у форми Совєтського Союзу більшовизм - це вияв оновленої московської великодержавності, якій він намагається привернути зламану вже історією імперську потенцію. Власне цією тенденцією більшовизму пояснюється його імперіалістична політика у відношенні до поневолених народів СССР, яку він приховує брехливо-спекулятивними формулами ленінської «національної» теорії. Сьогодні вже не підлягає сумнівам, що ця політика ідейно і психологічно виростає з імперських традицій та аспірацій царської Росії, і є її продовженням.

Складена з багатьох національностей, стара Росія вже в початках свого імперського розвитку стала перед питанням, як узгодити мішаний склад держави з її імперіалістичними завданнями. Вирішити це питання мала асиміляція. Російська імперія стала на шлях ігнорування існування окремих національностей, покриваючи їх збірним і фальшивим поняттям «русской нації». На службі цій асиміляційній політиці були поставлені не тільки органи державного керування, але й чисельні центри духовних і культурних впливів (школа, література, церква, побут, і т.д.). В корені унеможливлювано окремішній розвиток національних культур шляхом заборони поневоленим Росією народам вживати рідну мову, організувати власне шкільництво, видавництва, пресу, плекати мистецтво і т.д. Особливо безоглядно ця політика переводилася у відношенні до українців і білорусинів, яких інспірована царським режимом московська «наука» трактувала за «дві вєткі єдіного русскаго народа» (третя «вєтка» - московська...). Послідовною і передуманою системою заходів, викорчовувано у поневолених народів (українців, білорусинів, поляків, фінів, кавказців, татар, і т.д.) національну свідомість, заміняючи її почуттям приналежності до панівної московської національності; почуттям - базованим на спеціально вихованому культі ренегатства. Та окрім всіх зусиль упродовж століть, ця асиміляційна політика не дала Москві бажаних наслідків.

Причиною цього була занадто яскрава різноплемінна структура російської імперії. В імперіалістичному розгоні, царська Росія включила в свої кордони величезні й при тому суцільні чужонаціональні території (Україну, Польщу, Білорусь, Фінляндію, Кавказ, і т.д.) з багатомільйонним населенням. Ці оковані Москвою народи вже перед тим мали свою багату історію, власні держави й культуру, що своїм рівнем далеко перевищували культуру московську. Як свідчить історичний досвід - цей тип гетерогенної (мішаної) держави найбільше небезпечний для нації окупанта. Бо й при найбільших утисках, такі поневолені народи заховують у своїх глибинах самобутні основи, які живить історія, зріла (хоч і знівечена окупантами) культура, традиції, побут, і т.д.

Компактно заселюючи власну етнографічну землю ці мільйонні маси продовжують відчувати її «голос»...

Незбагнений міф чи дух рідної землі продовжує промовляти до них - зберігаючи, часто в невловимих формах, їх органічні національні основи, що знову в усій своїй силі виявляються назверх тоді, коли окупаційна система занепадає з тих чи інших причин розкладу. В цих явищах виявляється ірраціональна природа нації й закон її органічності. Діяння цього закону дошкульно зазнала на собі й стара російська імперія. Досить було їй зазнати революційного потрясіння в 1917 р., як поневолені нею народи одразу виявили свої відцентрові рухи. За декілька місяців революційного розкладу Росії повстали Українська, Польська, Білоруська, Фінляндська, Кавказькі та інші республіки, що почали збройну боротьбу з надломленим московським імперіалізмом.

Перед подібним, як і стара російська імперія, завданням розв'язку національного питання, став і більшовизм, опанувавши владу. І вже спочатку було ясно, що він, будучи органічним породженням московської духовності та її імперського «месіанства», логічно й неминуче піде шляхами старого асиміляторства поневолених народів. Але в процесі своєї тактичної еволюції, так звана національна політика ленінізму прибрала дещо відмінні (від царської Росії) зовнішні форми. Цю відмінність зумовлювали наступні причини.

Першою з них була та, що більшовизм, базуючи свій світогляд на історичному й діалектичному матеріалізмі, спочатку взагалі недооцінював націю, як явище спіритуальне й органічне. Духовність і світ ідей були для нього тільки функціями, чи «надбудовою» матерії (матеріальних форм кожного історичного етапу). Беручись за кардинальну перебудову всіх форм суспільного існування, більшовизм не сумнівався, що вона закономірно потягне за собою й процеси дегенерації націй, які повільно втрачаючи свій (неповторний на ділі!) зміст, взаємно нівелюючись і втрачаючи стимули для окремішнього існування - остаточно витворять новий тип інтернаціонального суспільства.

Виходячи з цієї хибної ідеологічної й теоретичної передумови, більшовизм спочатку розцінював процеси національного відродження, що після революції вибухнули серед поневолених народів СССР, тільки як перехідну стадію чи фазу, що остаточно вкладеться в його програмні схеми історичного розвитку і навіть допоможе їх швидшій реалізації. Звідси одне з пояснень, чому більшовизм, ідеологічно й програмно ворожий лібералізмові, формально прийняв саме лібералістичні засади в своїй первісній національній політиці. Кажемо - одне з пояснень, бо цей «лібералізм» зумовлювався й іншими причинами.

Ми вже згадували, що більшовизм, як духовне й навіть як соціально-політичне явище, був породженням московської стихії; її психологічним продуктом... Свій внутрішній нерозривний зв'язок з Московщиною та її історією, еліта більшовизму завжди глибоко відчувала при всій своїй теоретичній вірності ідеологічно-програмним схемам марксизму. Це відчуття спричиняло її внутрішню роздвоєність. Інтелектуально (розумово) вона була марксистською; своїм же первородним інстинктом (душею) - московською. Ця парадоксальна суперечність у всій своїй силі виявилася й у так званій ленінській національний розвиток народів СССР і навіть теоретично визнаючи, що він «вповні» укладається в марксівські «закономірності» - ця політика водночас старалася його гальмувати, інстинктом свого московського первородства відчуваючи, скільки небезпек ховає в собі для московського державного месіанства!

Треба визнати, що інстинкт більшовицької еліти був далекозорішим від її розумових схем! Він вже тоді правильно відчув ті наслідки, до яких остаточно зможе привести процес емансипації національностей СССР. Але одразу застосувати старі по формі методи асиміляції, совєтська влада не могла з багатьох міркувань.

Після розвалу російської імперії, процес відродження поневолених націй проходив зі стихійною, прискореною силою. Заперечити й ліквідувати його прямими репресіями більшовизм не мав можливості, бо сам ще проходив критичну стадію боротьби за владу та не мав для цього достатніх сил. А втім, балансуючи між вказаними суперечностями теорії і практики, між надуманими програмними схемами і московським великодержавним інстинктом - він сам ще не розумів, яку конкретну позицію треба йому зайняти в національному питанні. Виявом цих хитань і була ленінська національна політика.

В плані теоретичному, вона намагалася узгодити національні рухи з концепцією марксизму і ніби їх толерувала, декларуючи ліберальні засади самовизначення (включно аж до «відділення»...); в плані ж практичному - не хотіла допустити до розриву цих рухів із московською імперською системою і тому їх поборювала. Сприятливу для більшовизму розв'язку національних проблем мала дати славнозвісна «національна формою й соціалістична змістом» політика... Звідси вийшли «українізації», «білорусизації» та інші тактичні маневри совєтської влади, за допомогою яких вона сподівалася «одомашнити» національні рухи, зробити їх регіональними та розрядити їх, небезпечний для Москви, динамізм. З усіх цих планів нічого корисного для більшовизму не вийшло! Він і тут опинився в глухому куті. Сподіючись зробити з поневолених націй знаряддя для свого експериментаторства, він (цього не хотячи) сам творив для них оборонні позиції.

Сталінізм зрозумів безнадійність цієї політики. Після довгих і складних «хірургічних» операцій над теоріями більшовизму, він кінець кінцем задекларував культ «общаво атєчєства» і завернув у випробуваний досвідом століть фарватер старого московського асиміляторства. Але було вже запізно! Засів, зроблений відродженням і боротьбою поневолених народів, дав сильні й буйні паростки, яких не вирвуть вже жадні репресії. Момент для цього червона Москва прогавила!

В боротьбі з поневоленими націями СССР. яка з кожним роком прибирає все гостріших форм, сталінізм послуговується подвійною методою: терором і насильним накиненням цим націям впливів московської культури. При всій штучності свого історичного розвитку, в значній мірі «крадена» (в ній перехрещуються численні чужі впливи) і творена відірвано від власного народного тла - ця культура проте відбила в собі московську психологічну стихію зі всіма згаданими рисами її нездорової екзальтованості, невпорядкованості й деструктивізму. Всі ці елементи позначилися на синтезі московської культури. Звідси виходить її тяга до «космічності» (або, як каже відомий московський філософ Бердяєв - «апокаліптичного настрою») і віра в своє особливе «месіанське» покликання. Якраз завдяки цій тенденції, як також і грандіозній імперській системі, в якій вона розвивалася - московська культура, при всій своїй штучності й внутрішній неорганічності, все ж зуміла перетворити себе в експансивний і агресивний фактор.

Всі творці московської культури відчували й розуміли її основну ідею, як ідею месіанську. На цій базі сходилися всі течії московської культурної думки, що при своїх ідеологічних розходженнях однаково сприймали ідею Москви, як месіанське посланництво «Третього Риму». В історичному процесі, ця ідея глибоко просякла не тільки свідомість, але й інстинкт носіїв московської культури. Класичне формулювання ідеологічної концепції московського культурного месіанства дав Достоєвський такими словами:

«Істина одна! А значить тільки один із народів може мати справжнього Бога, хоч би інші народи мали своїх особливих богів. Всякий нарід мусить вірити, коли хоче довго жити, що в ньому і тільки в ньому зосереджується місія рятування світу; що він живе для того, щоб стояти на чолі інших народів і втягати їх до себе во єдино... Призначення московської людини незаперечно всеєвропейське й усесвітнє»...

Безперервне наростання цієї месіанської тенденції з особливою силою виявилося в московській літературі й відбивається на цілому її розвиткові аж до сучасності! Духовне наставлення «Москва - Третій Рим» -

просякає творчість Пушкіна, Аксакова, Тютчєва, Данілєвського. Достоєвського та багатьох інших. Аксаков сформулював його таким твердженням: «Московська історія має значення всесвітньої сповіді. Вона може читатися як житіє святих (!)»... Навіть в останній передреволюційній добі, коли вже виразно відчувалося наближення кризи московської культури і її позначав занепадницький декаданс, навіть і тоді формула Достоєвського стимулювала творчість московських письменників. Символіст Андрій Бєлий, який полонив у ті часи вже соціально розкладену й духовно надламану московську суспільність, голосив в екстазі:

«Росія, Росія, Росія, Месія грядучого дня!..»

Дореволюційна генерація московських письменників, вже опинившихся в буревії революції, не переставала живитися старою ідейною спадщиною. Серед спричиненої революцією катастрофи старого укладу московської культури, відомий поет А. Блок усе ж знаходив натхнення на вірші, в яких яскраво відзеркалювалася класична нота месіанізму.

Блок відчував, що за зовнішньою ломкою старих форм, внутрішня суть московської духовності та її цілеспрямованість залишаться і у більшовизмі! І він не помилився!

Політика - це в значній мірі функція духовного укладу цього народу та його культури. Московська цілеспрямованість культурного процесу визначила також напрямні розвитку, історіософії й суспільної думки Москви, що в політичному плані оформилася в імперіалістичний фактор. Месіансько-імперіалістична риса спільна для всіх філософських і політичних напрямків московського суспільства в усіх часах - «слов'янофілів» і народників, бакунівців і толстовців, демократів і консерваторів, лібералів і монархістів, марксистів і «євразійців». Вона незмінно виявляється в концепціях Достоєвського й Герцена, Чадаєва й Мілюкова, Леніна, Бердяєва й Керенського... Згаданий Чадаєв повчав: «Росія занадто велика й могутня, щоб провадити тільки національну політику. Її завдання у світі - це політика роду людського»... Історик Ключевський (дарма, що «поступовий» ліберал) твердив: «Росія - це велика колиска, де безнастанно вовтузиться й кричить світове майбутнє»...

Нам можуть сказати: але ж усе це вже в минулому! Годі ж думати, щоб тепер, коли історія розторощила стару імперську систему Москви й викинула її культуру на роздоріжжя кризи - отже, щоб ще й тепер її колишня спрямованість була актуальною й можливою! Та досить познайомитися з духовним і політичним наставленням московської еміграції, щоб переконатися, що воно залишається тим самим, як певне незмінне психопатологічне чи маніакальне явище. Беремо з видань представництв московської еміграції декілька сентенцій, які свідчать, що вона продовжує живитися старою духовною спадщиною. Ось вони:

«Час Росії настане!.. Історія перед кінцем своїм не може не стати всесвітньою, точніше - всеземною... Центром землі між Заходом і Сходом буде Росія...».

«В світі сучасності стає все яснішим нерозривний зв'язок месіанського процесу з Росією...».

«В підсвідомості московського народу лежить незламана віра в його месіанське покликання»...

«Зміст месіанства закладений у расі, що позначила себе «словом» (слов'яни), а в народній мові означає себе несенням хреста».

«Філософи й мислителі вловлюють світлий образ московського месіанського покликання... Поети й мистці відчувають його серцем, перетворюють його у фарби й звуки; нарід же наш здійснює повсякденний подвиг праці й віри... І недалекий час, коли справжнє обличчя московського народу засяє світові в усій своїй побідній і неповторній красі...».

«Місією Москви буде втягнути в себе сім'я майбутнього, пронести його крізь війну всіх проти всіх і дати початок новому дневі людства...»

Подібного роду сентенцій можна навести сотні й тисячі зі сторінок московських книжок і журналів на еміграції. І як колись, так і тепер, ця месіоністська тенденція в політичній проекції конкретизується в імперіалістичні настрої. Ось декілька характерних цитат:

«Наша правда - це частина тої загальної для всіх істини, що закладена у великій і багатогранній московській ідеї...».

«Грядучий день буде днем союзу народів (!) держави московської... Цей союз матиме притягаючу силу для всіх (!) - для України, Естонії, Литви, Латвії і т. д. Підставою цієї держави буде спільна для всіх історична ідея. Це ідея месіанська, ідея вселюдська, ідея перетворення божої правди на землі. Окремі національні струмки - московським, українським, грузинський, і т.д. в своїй сукупності створять океан спільної російської культури...».

Це маячіння і його хворобливі претензійні візії характеризують настрій цілої московської еміграції і усіх її керівників - Бурцева й Керенського, Струве, «великих князів» Романових і Мілюкова - дарма, що виходять вони часто з цілком різних ідеологічних концепцій і політичних програм. Згадані настрої московської еміграції є тільки функцією тих національно духовних і політичних процесів, що їх проходить тепер московський більшовизм в СССР.

З наростанням ворожих до більшовизму настроїв у Європі, московська еміграція почала доводити закордонній публічній думці, що більшовизм і совєтський уряд не мають нічого спільного з майбутньою «національною Росією», яка на відміну від СССР стане «підставою європейського миру й порядку».... Це нещирі заяви і в них вже навчилася орієнтуватися значна частина європейської публічної думки, яка через найбільш далекозорих своїх представників обґрунтовує погляд, що більшовизм і Росія (без огляду на її внутрішні режими) - це тотожне явище, з однаковими прикметами деструктивізму, хаосу й хворобливих імперіалістичних тенденцій.

І це глибока правда! Московська еміграція - це однаковий по суті з більшовизмом духовний продукт з однаковими національними аспіраціями, хоч і розходиться з ним у соціальних питаннях. І ще зовсім недавно в московських еміграційних виданнях різних політичних напрямків можна було читати такі симптоматичні заяви:

«Зараз у совєтській Росії творяться нові сили; революція, всупереч самій собі, націоналізується...

В випадку війни треба захищати Росію. Невже ж емігранти в таку хвилину опиняться в таборі ворогів і зрадників батьківщини?! Ні - всі москалі підуть обороняти Росію!»...

Текст цей наводимо з відозви московських «націоналістів-максималістів»... Або ось ще одна характерна формула того ж порядку:

«Треба здати собі справу, що ніякої третьої революції в Росії бути не може й не повинно бути... Бо такою є вже реально існуюча совєтська революція, що стихійно-підсвідомо виправляє процес російського національно політичного розвитку. І не боротися треба з нею, а все далі її націоналізувати, національно поглиблювати, використовувати її людей для національних і наднаціональних (!) досягнень.

Всі еміграційні московські течії змагають до одної цілі - до перетворення в життя Російської Історичної Ідеї. Солідарні вони й утому, що ця ідея повинна проектуватися на сучасну совєтську дійсність. Що ж торкається шляхів до цього, то це тільки ряд варіантів програмно-тактичного характеру...».

І треба визнати: московська еміграція справді «має очі, щоб бачити і вуха, щоб чути» національну еволюцію совєтського режиму. Ідеологія і політика сталінізму ввійшли в гостро підкреслену фазу московського націоналізму. В «інтернаціональній» Москві, «родіна» офіційно проголошена священною, а московський нарід «провідним народом пролетарської революції».... Навколо цієї символіки, совєтська влада творить культ обожнювання й галасливої національної гордості. Генезою цієї еволюції більшовизму був, по-перше, його згаданий нерозривний зв'язок з московською духовністю та її месіоністською ідеєю, а по-друге - внутрішні й зовнішні обставини, серед яких він опинився і які обумовлені банкрутством його первісної програмної концепції. Національна й великодержавна еволюція більшовизму - це органічне явище, а роль совєтської влади в цій еволюції була спочатку скорше пасивною в тому розумінні, що вона під напором московської національної стихії не могла не відкрити шлюзів, які штучно стримували її в початковий період більшовицької революції. А відкривши ці шлюзи, більшовизм сам вріс у цю стихію, знайшовши в цьому властиво одиноке для себе виправдання в думці московських мас. Є незаперечним фактом, що коли сталінізм сьогодні ще тримається на поверхні, то насамперед завдяки своїй ролі «собіратєля русских земель» і реалізатора старих ідей московського імперіалізму. А водночас ця його роль ще більше посилює до нього ненависть серед поневолених народів СССР.

Національна еволюція більшовизму нерозривно пов'язана з сучасним духовно-культурним процесом Московщини. В своїй революційній і доктринерській гарячці більшовизм спочатку одним махом розторощив стару московську культуру. Луначарським і Бухаріним було доручено будувати нову, узгоджену зі схемами марксизму... Кільканадцять років школа марксизму намагалася вихолощувати душі народів СССР, спрощуючи і нівелюючи їх пресом своєї «діалектики». З цього нічого не вийшло. Історія знає світогляди, що органічно несумісні з життям, з його духом і красою. Більшовизм саме і є одними з цих світоглядів, для яких органічний початок життя є засадничо ворожим; він не зносить його, як нічна мара співу півня на світанку... В безплідних борсаннях, майже щороку міняючи свої «установки», «пролетарська» культура остаточно опинилася у сліпому куті. Треба було шукати з нього виходу, бо засіяний більшовизмом цвіт духовної примітивізації й культурного варварства розростався так буйно, що почав лякати вже саму совєтську владу, набираючи масштабів, незнаних навіть у пів дикій Московщині. Становище режиму ускладнялося й тим, що поруч із упадком московської культури серед поневолених націй СССР відбувалися якраз протилежні процеси культурного ренесансу. Більшовизм справді намагався й їх затруїти своїми впливами, але без успіхів. Вимушені в тій початковій порі поступки совєтської влади, дали можливість національним рухам чимало скористатись з непевних позицій війни. Прибираючи примусову «соціалістичну» форму назовні, вони на ділі наповнювали її національним змістом, тобто робили якраз протилежне намірам і планам ленінської національної політики. В цей період бачимо серед поневолених націй у СССР розвиток літератури, мистецтва та інших галузей культури, який посилював антимосковські тенденції, що їх відомий український поет Хвильовий символізував гаслом: «Геть від Москви - орієнтація на психологічну Європу…»

Сталінізм зрозумів загрозливе для нього значення цих національних культурних процесів, що розвивалися на тлі постреволюційного занепаду «провідної» московської культури і обрушився на них цілою силою свого апарату й терору. Особливо великих жертв зазнала в цій боротьбі за свою культуру Україна.

Але йдучи війною на національні культури, сталінізм розумів, що самим терором не залатає прогалини, витвореної революцією в культурній ділянці. Самого ГПУ для задоволення культурних потреб народів СССР було ще замало! І так після довгої «самокритичної» метушні та істеричних суперечок у керівних совєтських колах, дійшло до відступу більшовизму й на «культурному» фронті. Як усякий відступ, так і цей був спрямований виразно назад, дарма, що совєтські «культурники» намагалися маскувати цей факт безпомічною теоретичною балаканиною...

Первісна революційна концепція «соціалістичної» культури збанкрутувала! В Москві було вирішено повернутись до «істоков» (джерел) старої московської культури, яку перед цим більшовизм викливав, як органічно чужу й ворожу пролетарському суспільству... «Дварянськіє» письменники, мистці й композитори дістали від Сталіна амністію і на їх творчості мусить тепер вчитися «рабоче-крєстьянская» Росія. Так зване культурне будівництво в СССР ще характеризують різні шукання. Цей процес ще не можна вважати вповні закінченим, але вже тепер в ньому цілком ясно бачимо старі тенденції, що в плані духовному оформлюються в класичний московський месіанізм, а в політичному - в імперіалізм. Скажемо більше - при сталінізмі месіанізм московської культури стає ще більше «напористим» і агресивним, аніж це було в часах Достоєвських. Це виразно виявляється в її новому посиленому наступі на поневолені народи СССР; в наступі, що для совєтської влади зумовлюється політичною рацією збереження російської імперії - спадкоємцем і оборонцем якої вона вже не вагається відкрито себе декларувати...

Чи націоналізація більшовизму означає, що він перестав бути фактором ідейного й соціально- політичного деструктивізму в інтернаціональному масштабі? Думати так було б великою помилкою! Ми вже бачили, що в історичній ретроспективі московський імперіалізм завжди шукав опертя на месіоністських концепціях, які змінюючи форми, незмінно зберігали свій основний характер і цілеспрямованість. Для сучасного московського імперіалізму цією месіанською концепцією став більшовизм, що переломив свої первісні теорії через призму московської духовності, психології, історії та традиції. І це тим більше посилюватиме його гони й «космічні» аспірації. На це твердження можна зауважити, що в нього забракне для цього сил, але більшовизм і не думає з кимось мірятися в лицарському двобої! Один закордонний генерал у розмові з Леніним саркастично спитав, якими арміями сподівається більшовизм здобути перемогу над світом. Ленін відповів з усмішкою: «вашими ж, генерале, вашими»... В цій відповіді - ціла концепція совєтської політики! Її наслідки видні з наступних цифр.

Журнал «Л'Еспуар де Франс» дав не так давно документальний нарис розкладової акції червоної

Москви закордоном. Виявляється, що за 20 років біль-
шовики спричинили 10 воєн і 10 революцій.

10 воєн це:
• Фінляндія (1918),
• Латвія (1918-19),
• Естонія (1918-19),
• Литва (1918),
• Польща (1920),
• Україна (1917-20),
• Грузія (1921),
• Китай (1925-31),
• Іспанія (1936-39),
• Фінляндія (1939-40);

10 РЕВОЛЮЦІЙ - ЦЕ:
• Фінляндія (1918),
• Німеччина (1918-19),
• Баварія (1919),
• Мадярщина (1919),
• Грузія (1921),
• Мексика (1929),
• Китай і Туркестан (1925-31),
• Монголія (1934),
• Іспанія (1934 і 1936).

ЗА ЦЕЙ ЧАС БІЛЬШОВИКИ ВИКЛИКАЛИ РЕВОЛЮЦІЙНІ
ЗРИВИ В 19 КРАЇНАХ ЄВРОПИ, в 10 країнах Азії, в 10
країнах Америки й в 2 країнах Африки. З 1917 р.

Москва спровокувала в світі 97 великих заворушень... Багатомовні цифри!

Свої руїнницькі завдання більшовизм намагатиметься реалізувати різними методами. Ми переконані, що на випадок війни в Європі, Москва до певного часу за всяку ціну уникатиме прямого удару з поважними зовнішніми силами. Вона намагатиметься нападати на слабших, використовуватиме чужі перемоги й поразки, підбурюватиме в усіх країнах у свою користь темний людський мотлох і т.д. Все це робитиме більшовизм з одною основною метою: у сприятливий момент кинути під прапорами сталінізму на знесилений і скривавлений Захід московські орди під гаслом: «дайош Європу!»

Виримо, що варварському, безграмотному московському більшовизмові не зламати творчого й культурного Окциденту. Але ліквідація заподіяних його деструктивізмом нещасть може коштувати людству ще багатьох зусиль і крові! Чи не час Європі над цим поважно зконцентруватись? Свою послідовність у політиці старий Рим засвідчив колись у формулі, що стала класичною: «Ceterum censeo Carthaginem esse delendam» (Карфаген має бути зруйнований). Ми також не перестанемо твердити: «Московський імперіалізм і московський більшовизм мусять бути знищені!»

IV. ФАШИЗМ

Фашизм - це, насамперед, ідейна й духовна реакція на стан сучасності, що його створили демократія, соціалізм і комунізм. Політична демократія, поступово втрачаючи духовну й національну основу власної сутності, наповнилась раціоналізмом і космополітизмом; соціалізм і комунізм цей процес поглибили своєю матеріалістичною концепцією та неприродніми інтернаціональними утопіями. В цих виявах фашизм помічав шлях суспільства в бездну духовного примітивізування та профанацію самої мети життя, і протиставив їм свою світоглядну й устроєву систему.

Коли демократія в основу своєї доктрини закладала надмірний культ розуму (раціоналізм, позитивізм), а комуно-соціалізм - матерію (історичний і діалектичний матеріалізм), то фашизм свою філософію побудував на визнанні духу, волі та ідей (спіритуалізм, волюнтаризм, ідеалізм) за вирішальні чинники історичного розвитку.

Світогляд і устрій фашизму не розривають (як це

теоретично хотів зробити комунізм) всіх зв'язків із створеним нашою епохою укладом духовного,

культурного, морального, звичаєвого й суспільно-господарського існування. Вони ставлять собі завданням обновити цей уклад, пристосувати його до змінених умов життя шляхом повернення до призабутих вже принципів ідеалізму та реконструкції відживших соціальних засад. Це не значить, що фашизм є мирною, еволюційною течією. Навпаки - ціла його природа динамічна й революційна. Його внутрішня суть і реформи болюче б'ють комуно- соціалізм, закостенілий консерватизм і ліберальну демократію, проголошуючи їм війну. Окрім того, фашизм зберігає зв'язок із минулим; на тлі демократії він виступає в ролі творчого реформатора, а не руйнуючого нігіліста. Цей конструктивізм його сутності органічно непримиримий із безтрадиційною, бунтівною природою комуно-соціалізму. Вростаючи своїми світоглядними й аполітичними коріннями в позитивні надбання й традиції минулого, фашизм находить у них джерело свого новаторства, посилюючи та міняючи їхній зміст і зовнішні форми, ослаблені чи здеформовані часом й обставинами.

Так демократія скристалізувала сучасне поняття національності і в порядку історичного процесу створила політико-соціологічне явище державної нації. Пізніше поширення егоцентричного лібералізму, гуманізму та космополітизму, разом з матеріалістичним світоглядом послабили й розхитали

початковий зміст національного ідеалу. Фашизм підхопив, вирвав із рук демократії жалюгідний ідеал нації та підніс його на небувалу висоту, вкладаючи їй його життєве здійснення свою вольову потугу і порив молодої творчості. Демократія також була творцем капіталістичного устрою. Започаткувавши епоху величезного матеріального прогресу, капіталізм із бігом часу все більше перетворювався в антисоціальний фактор. Демократія не виявила сил і здібностей, щоб своєчасно скорегувати шляхи капіталізму та узгодити його подальший розвиток із життєвими інтересами народів, і внаслідок нього опинилася в хаосі соціально-класової боротьби та економічних потрясінь. Вважаючи, що капіталістичний устрій себе ще не пережив, фашизм старається використати його форми виробництва й обміну, водночас усуваючи їхні шкідливі з соціального погляду прикмети. Цю тенденцію реформаторського перебування бачимо і в інших виявах фашизму.

Весь свій ідеалізм і волюнтаризм фашизм зосереджує в одному вирішальному центрі - у власній нації. Нація для нього - це абсолютна цінність, котрій підпорядковується все інше. Всупереч демократії, що має тенденцію розглядати націю як механічний збір відповідної кількості індивідів, зв'язаних між собою, насамперед, реальними інтересами, фашизм приймає націю за найвищу історичну, духовну, традиційну й реальну спільноту, в рамках якої проходять процеси існування та творчості цілих поколінь - померлих, живих, ненароджених, що зв'язані між собою нерозривно. На розвиток нації впливають не так матеріальні умови, як, насамперед, прояви її збірної волі, її духовна активність. Відношення громадянина до нації повинно обумовлюватись його ідеалістичними намаганнями віддати їй максимум праці, сил і жертв, аж до самовідречення включно.

Ставлячи в основу своїх ідеалів націю, фашизм ототожнює її з державою, як тою формою, що найкраще забезпечує національний розвиток. Відношення державних націй між собою слідує не за утопіями згоди, братерства й пацифізму, лише підкорюється неминучим законам змагань, боротьби та конкуренції, де перемагає лише зручність і сила. Висновок цього - визнання імперіалізму за вирішальну основу існування й збільшення власної держави-нації, що її фашизм хоче бачити могутньою та величною. Прагнучи посилення держави назовні, фашизм об'єднує навколо спільного національного ідеалу всі соціальні прошарки нації, виголошуючи гасло: «Нація й держава понад класи й партії!».

Цей його всенаціональний і надкласовий принцип в основі заперечує режим політичної демократії, з пріоритетом її часткових партійних інтересів, як також і апологетику внутрішньої соціальної боротьби та інтернаціоналізму комуно-соціалістичної доктрини.

Однак фашизм усвідомлював, що мету сконсолідування цілої нації навколо спільного ідеалу та усунення міжкласових суперечностей можна досягнути лише за умови тих антисуспільних факторів, що закладені в капіталістичному устрої. Тому, керуючись системою капіталістичного виробництва й обміну, він водночас прямує до нівеляції її шкідливих проявів через погодження інтересів праці і капіталу. Цю реформу фашизм провів шляхом організації соціальних верств держави в спеціальні синдикати, що об'єднують відповідні категорії громадян - виробників матеріальних та інтелектуальних вартостей. Синдикати відповідно до роду своєї професії (селяни, промислові робітники, торгівці, підприємці, інтелектуали і т.д.) об'єднуються в корпорації; від них бере свою назву корпоративний устрій фашизму. Що нового дає для сучасності цей устрій?

Як вже знаємо, заснована на принципах економічного лібералізму демократія залишила розвиток господарських процесів без організованого контролю. Господарська діяльність у цілості базувалася на приватній власності, ініціативі та грі особистих інтересів. Відверта конкуренція витворювала після загального переконання якусь «рівнодіючу силу», що «сама по собі» узгоджувала розбіжності в інтересах загалу й в ім'я поступу.

Так створилося класичне «стихійне капіталістичне господарство». Коли ця система могла навіть із користю існувати на початку капіталістичного розвитку, то з часом призвела вона до класових антагонізмів і революційних потрясінь. Опанована партійництвом політична демократія не могла усунути загрозливих соціальних явищ. Її заходи у вигляді різних законів і норм, що регулювали питання продукції, обміну, інтересів праці і т.д., були лише фрагментами, що виходили не з суцільного, до кінця продуманого плану, а лише з випадкових умов і компромісів тої чи іншої парламентарної кон'юнктури. Як це відбилося на демократії - ми вже знаємо, її устроєву систему скомпрометовано; демократичні держави стали тереном зажерливої внутрішньої боротьби, коли загальнонаціональні інтереси втрачають майже всяке значення.

Корпоративний устрій фашизму, організовуючи населення в виробничі синдикати, бере під державний контроль соціальну й господарську політику країни. Залишаючи основні елементи капіталістичної системи (приватну власність та ініціативу), він, однак, не полишає господарську діяльність населення на полі «гри стихійних сил», лише намагається її узгодити з загально-національними й частковими інтересами, віддаючи пріоритет першим.

Соціальні відносини, зокрема відносини праці й капіталу, фашизм розв'язує не міжпартійною, міжкласовою й парламентарною боротьбою, як це робить демократія, а лише методами національної солідарності, що виявляються в узгодженні цілей і співпраці підприємців і працюючих при верховному обов'язковому арбітражі державної влади. Всі соціальні конфлікти й питання господарської діяльності розв'язуються радами дотичних корпорацій при співучасті держави.

Створений фашизмом корпоративний устрій (він створився з давно вже відомих синдикальних теорій, яким фашизм надав відповідного до його національних ідеалів своєрідного змісту) є предметом безкінечних провокацій з боку засадничих противників фашизму (демократів, соціалістів і комуністів), що намагаються представляти його як замасковану «гарними словами національної солідарності» основу визиску працюючих у руках пануючої капіталістичної буржуазії. Слід визнати, що саме так розуміють фашизм і його непокликані прихильники, що в різних країнах походять із реакційних і ворожих самій ідеї соціальної справедливості верств так званих «акул» фінансового, промислового та аграрного капіталу. Наслідуючи зовнішні його форми, вони часто-густо приховують свої справжні хижацькі тенденції гаслами «нації, надкласовості й солідарності», компрометуючи в цей спосіб самий фашизм.

Думаємо, що створена фашизмом соціально-господарська система ще не є закінченим ідеалом; до певних її елементів можна підходити й з критичними зауваженнями. Однак помилкою було б уважати її як засіб, що прислужує капіталу для експлуатації трудових мас. Чисельні факти показують, що фашизм з однаковою рішучістю може «вдарити по руках» як представників капіталу, так і праці, коли ті чи другі схильні виявляти пріоритет часткових, особистих інтересів над національно-державною доцільністю.

Історична заслуга фашизму полягає в тому, що в хаосі повоєнних відносин, коли перебуваючи в безчинній летаргії, демократію намагався добити комуно-соціалізм для своїх «експериментів», фашизм зміг не лише перемогти внутрішні руїнницькі сили, але й здійснити свою власну соціальну систему, що хоче активно пристосуватися до нових вимог життя, вкладаючи перші основи для дальшої устроєвої реконструкції нашої хворої епохи. Демократичному сонливому «непротивленню злу» і бунтівному комунізму фашизм протиставив чин творчої розбудови, що вже дала певні позитивні наслідки.

Корпоративна система фашизму нерозривно пов'язана й з його державно-політичним устроєм. Основні ідеї й форми останнього також різко протилежні демократії. Демократія, визнаючи людину з її вродженими правами та вартостями за самоціль, послідовно дійшла до парламентаризму. Не те, що фашизм. Вважаючи основою своєї ідеології націю- державу, він підпорядковує їй у цілості й суспільство, і окремих людей. Людині фашизм не відмовляє в її вартостях, однак, відношення громадянина до держави будує не на її «вроджених людських правах» (як це робить демократія), а лише на її обов'язку перед нацією-державою. Демократія висунула гасло «Свобода, рівність, братерство», їм фашизм протиставить свій клич: «Обов'язок, ієрархія, дисципліна».

Фашизм скептично дивиться на творчі спроможності народних мас. Останні не є діяльним чинником поступу. Творчість нації визначає й реалізує меншість, що її він називає аристократією духу.

Ця провідна меншість своїм ідейним багатством, активністю, пристрасною волею та здібностями творить життя, досягає здобутків, якими користується цілий народ. Цій меншості і належить кермо в державі. Свою владу вона дістає не на підставі виборчої більшості демократії. Бо більшість, каже фашизм, - це, насамперед, юрба, механічний натовп одиниць, що сам не знає власних бажань і користей. Не питати в неї рівень, а лише вести за собою для її ж власного добра повинна провідна меншість. Логічним висновком цих поглядів фашизму на творчу роль маси був встановлений ним державно-політичний режим диктатури.

Диктатура не є для фашизму тимчасовою методою правління; вона встановлена як основний елемент державного устрою.

Законодавчою установою фашистської держави є парламент, що складається з представників згаданих корпорацій і різних науково-культурних організацій. Ці установи не мають права вільних виборів, як це бачимо в демократії. Вони лише визначають у певній пропорції кандидатів до парламенту, подаючи їхні реєстри на розгляд так званої Великої Ради, що представляє найвищий політичний орган держави. Велика Фашистська Рада уповноважена викреслювати небажаних їй кандидатів і заміняти їх іншими. Затверджений реєстр кандидатів до парламенту ставиться на всенародне голосування. Населення може головувати «за» чи «проти» цілого реєстру, а не окремих кандидатів.

В ідеї - фашистський парламент має реалізувати участь об'єднаного в корпораціях населення в державному управлінню. Фактично - він лише реєструє й формально ухвалює рішення Великої Фашистської Ради. Скоро можна чекати ліквідації цього парламенту, а на його місці, очевидно, стане Національна Рада Корпорацій (мається на увазі Італія станом на момент написання праці - прим. ред.).

Усією політикою держави керує Велика Фашистська Рада, до неї входять провідники фашистської партії та представники уряду. Отже, єдина й легальна в країні партія (всі інші партії - заборонені) ототожнюється з державною владою й вона сконцентровує у своїх руках все управління. Широко розгалужена партійна організація охоплює не лише нейтральний державний апарат, але й владу на місцях, в провінціях. Управління визначається стислим урядовим централізмом на тлі усунення громадської самодіяльності; фашизм скасував і органи місцевої самоуправи, настановляючи замість представників самоврядування державних урядників.

На чолі держави стоїть король. Фактично він виконує лише репрезентативні функції суверенітету, в той час як вся повнота державної влади перебуває в руках «дуче» - Муссоліні. Це є вождь, якого ніхто не обирав, він самий взяв до рук владу. Диктаторів не вибирають, каже фашизм, вони самі приходять.

Неважко зауважити певні подібності в державних устроях фашизму й комунізму, хоч виходять вони з цілком протилежних і ворожих до себе доктрин. Формальні ознаки диктатури виступають в фашизмі виразніше, ніж в комунізмі. Комунізм теоретично стоїть на принципі влади колективу - безкласового (чи вірніше однокласово-пролетарського) суспільства. Свою фактичну диктатуру він лицемірно ховає під спекулятивною маскою «тимчасовості» і несправжніх «рад». Фашизм натомість виразно заперечує владу колективу, будуючи її на принципах монократизмута суспільної ієрархії. Зовнішня схожість обох режимів не вповноважує ототожнювати їхній внутрішній зміст. Диктатура фашизму базується на здорових основах суспільної культури й моралі; вона виростає з тисячолітніх творчих традицій старого Риму, та, навіть при деяких своїх внутрішніх дефектах, залишається майбутнім чинником. Диктатура комунізму заперечує й культуру, і мораль; її створила стихія варварського московського нігілізму, що робить її фактором руїни.

Чи стоїть фашизм на таких ідейних, суспільно-політичних цінностях, що визнають проголошену ним місію реформатора нової доби й забезпечують його закріплення на шляхах історії? Відповідь на ці питання треба розпочати з оцінки його духовного змісту та ідей, що ми їх коротко окреслили. Треба зазначити, що основні ідеї фашизму не замкнулися в самій Італії, але швидко поширили свій вплив у цілому світі, посилюючи та оформлюючи той психологічний і суспільно-політичний процес, що після останньої [тобто Першої світової] війни стихійно розквітнув серед різних (насамперед, поневолених і покривджених) народів. Це - націоналізм. Самий фашизм - це, насамперед, націоналізм - любов до власної батьківщини й патріотичне почуття, доведені до самопосвяти й культу жертвенного фанатизму. Джерелами його народження є національний інстинкт, національний дух і національна свідомість.

Вороже ставлення фашизму до демократії й комуно-соціалізму базувалось спочатку не так на запереченні їхніх устроєвих концепцій, як, насамперед, їхнього внутрішнього змісту, якому фашизм проголосив нещадну війну. Фашизм відчув, що хворобливий лібералізм, космополітизм, матеріалізм і утилітарний примітивізм нашої епохи загрожують зґангренувати духовність і суспільний організм нації, руйнуючи її зсередини. Створена колись сама на здоровому національному інстинкті демократія поступово марнувала свій творчий капітал. Разом з соціалізмом вона позначила нашу добу безідейністю, сірою і безбарвною меркантильністю та тупим своєкорисливим анархічним міщанством. Фашизм наново відкриває забутий світ ідей, він апелює до духовності й прагне морального переродження нації в ім'я її зросту, блага й сили. На місце скептичного релятивізму демократії він ставить віру й абсолютний світогляд; компромісу - непримиримість у захисті своїх постулатів; безвідповідальному, претензійному в домаганнях прав і скупому у виконанню обов'язків лібералізму він протиставить повинність дисциплінованого чину; космополітизму й інтернаціоналізму - ідеал власної нації; суспільній та ідейній анархії - внутрішній лад і мир.

Дарма й нещиро жахаються представники демократії та комуно-соціалізму простолінійної безпосередності фашистських ідей, які вони назагал свого примітивно-міщанського оточення виставляють як «зоологічне» страховище й «аморальне» викривлення мети життя та людської природи... Бо оперуючи «високими» гаслами миру, справедливости, братерства, рівності й інтернаціоналізму, вони самі своєю практичною діяльністю ті гасла перетворили в спекулятивну брехню, в глузування надлюдиною! Фашизм виявив чесність із собою, коли на місце їхніх підступних, брехливих фраз, що присипляють чуйність слабших, поставив на порядок дня нашої епохи всю неприховану правду життєвої концепції, що споконвічно спирається на чинну мораль, на закони противенств і на право сили.

В цьому збудженні первородного інстинкту нації, в напруженні її ідей і активізуванні її творчих намагань лежить заслуга фашизму-націоналізму не лише перед власною батьківщиною, але й перед іншими, насамперед, поневоленими народами. Для цих останніх свідоцтво творчого духовного напруження фашизму та його змагань за життєві ідеали нації повинно бути незабутнім «моментом» і дороговказом їхніх власних почуттів і чину. Бо ті з них, що перелякано відвертаються від імперативних заповітів фашизму через свою сліпу, безкритичну прив'язаність до наркозу демосоціалістичних забобонів про «мир, згоду, благоденствіє» та інтернаціонали, ніколи не матимуть діючого миру (і свободи). Призначення таких народів - бути погноєм для інших!

Поруч із ідеологічними цінностями фашизм визначає конструктивність його суспільної концепції, з її прагненням до об'єднання цілої нації на зреформованій соціальній базі. Соціалізм і комунізм, заперечуючи націю, хотіли її розкладати на окремі антагоністичні складники; демократія, хоч і визнає теоретично націю, своїм ліберальним егоцентризмом, соціально-господарською безплановістю та всім устроєвим укладом не зупиняє цього розкладу, залишаючи його «внутрішній логіці» життя та випадковим парламентарним кон'юнктурам.

Фашизм став на правильному розумінні органічності нації, пов'язаності її окремих соціальних складників, як тих атрибутів, що необхідні для здорового розвитку цілого національного організму. Не обмежуючись оголошенням цієї засади в теорії, він, як ми бачили, і на практиці застосував реконструктивний соціально-господарський план, заснований на співпраці класів, позапартійності й корпоративному устрої. І хоч цей план ще не дійшов до свого остаточного завершення, хоч, можливо, зазнає він у своєму подальшому розвитку певних змін, то до його ідей і устроєвих принципів належить звертатись з найбільшим співчуттям і прихильною увагою. Слід сподіватися, що головні, випробувані часом, досвідом і обставинами його елементи стануть основою для дальшої соціально-господарської реконструкції нової епохи.

Дещо відмінне становище належить державно-політичному устрою фашизму. Як вже було згадано, диктатура для фашизму не є перехідним етапом. Вона є стабільним елементом устрою й випливає з певних рис фашистської ідеології, що творить культ сильної одиниці - вождя, і провідної меншості, при одночасній недовірі до майбутньої ролі народних мас. Провідна еліта творить і наказує; маси виконують і коряться - така формула фашизму.

Засадничому розгляду проблеми диктатури ми присвятимо окремо увагу. Тут лише зазначаємо, що відкидаючи з найбільшою непримиренністю устрій політичної демократії, визнаючи благотворні впливи диктаторського правління в певних обставинах, і засаднично заступаючи загальноприйняті принципи авторитарності нормального державно-політичного режиму - ми водночас задивляємось на деякі засади диктатури фашизму з певною критичністю. Перманентна диктатура схильна позначати життя надмірним урядовим етатизмом і відтворювати культ своєрідної «поліцейської держави», що гальмує розвиток суспільства та індивідуальності. Гадаємо, що цього не позбавлений і устрій фашизму.

Щоправда, власне цей його устрій скріпив Італію та підніс її силу та авторитет на небувалу височінь. Однак не слід забувати, що в сучасному наростанні зусиль фашизму ми якраз спостерігаємо початковий (найактивніший і творчий) процес кристалізації диктатури, що її на чолі з сильним і здібним Муссоліні реалізує молода еліта. Ця еліта - це ще свіжа невичерпана енергія, що перебуває в екстазі перед майбутнім, безкорисним, ідеалістичним чином. Але... може й для неї прийти пора самоконсервації, зі всіма випливаючими з того негативними наслідками. Десяток років існування режиму - це надто малий період часу, щоб на основі його можна було встановлювати «залізні закони» без ризику помилитися.

Сила фашизму в тому, що він зміг на місце розхитаної, безликої дійсності висунути потужну ідею. В цей спосіб створив він основи духовного гарту й скріплення життєвих елементів націй, втомлених від блукань в лабіринтах шукань й сумнівів. Суспільна його заслуга втому, що відміняючи гнилий егоцентризм демократії й комуно-соціалізму, що бачили в людині то недоторкане «табу», то об'єкт для неприродних експериментів, він зміг цю людину поставити на службу нації, посилюючи в ній розхитаний інстинкт соціальності й ослаблене почуття обов'язку.

Слабкість фашизму в надмірному урядовому централізмі його системи, що ускладнює процес творчої індивідуалізації громадянина. Було б трагічно, коли б ця ознака загальмувала його рушійний поступ. Бо це могло б викликати ще більший маразм і ще глибший розклад нашої епохи.

V. ДИКТАТУРА

Політична диктатура належить тепер до найбільш суперечливих і найактуальніших суспільних проблем. Демократи вважають її абсолютним злом, що загрожує людству культурним занепадом і повертає суспільство до часів середньовічної деспотії. Натомість прихильники диктатури бачать у ній єдиний засіб налагодження політичних відносин і оздоровлення розхитаних основ суспільного життя. В практиці - устрій диктатури бачимо на протилежних полюсах політичної сучасності: з одного боку в московському більшовизмі, з другого - в італійському фашизмі та інших, споріднених із ним рухах.

Комуністичну диктатуру ми в цьому місці не беремо до уваги. І то не лише з причин засадничого заперечення її теоретичних підстав, котрі ми вважаємо за руйнівні й неприродні, але й тому, що реальні вияви диктатури більшовизму є наслідком внутрішніх суперечностей між самою соціалістичною доктриною та практикою більшовизму. При таких умовах годі шукати теоретичні засади сталінського варваризму! Сталінізм давно перестав зважати на марксівську концепцію соціалістичної диктатури, керуючись у своїй політиці виключно інтересами пануючої партійної кліки.

Цілком відмінно представляється внутрішній і реальний зміст диктатури фашизму та інших націоналістично-авторитарних рухів. Фашизм не маскує її брехливими твердженнями про «владу мас» або спекулятивними запевненнями в її «тимчасовості» (як це робить московський комунізм). Диктатура для фашизму - це не лише метод політичного керування; це синтез його суспільного світогляду, що здатність до керівництва визнає лише за індивідуальністю й провідною меншістю. Фашизм не вірить у владу більшості в тих її механічних формах (партія, голосування, парламент), які створила політична демократія; замість демократичного культу кількості- числа він творить культ якості - творчої одиниці.

Свій політичний устрій фашизм будує на принципах суспільної ієрархії, авторитарності й монократизму, де право на керування мають лише найкращі, тобто ті громадяни, що своїми здібностями, енергією й досвідом покликані творити провідну еліту нації - її духовну аристократію. Ця еліта, очолювана вождем-диктатором, веде за собою більшість нації - народні маси.

Висунуті фашизмом ідеї авторитарності суспільної організації знайшли широкий відгомін і визнання серед націоналістичних рухів інших народів. Між ними та прибічниками старих устроєвих теорій давно точиться завзята боротьба за вплив і владу, що вже позначається певними наслідками: націоналістичні рухи скрізь у наступі, їхні противники скрізь у відступі. Причини цього явища ми вже з'ясовували раніше: націоналізм з його реформаторськими суспільними тенденціями - діюча й корисна реакція на стан, що його створили анархія політичної демократії та нівелююче руйнування комуно-соціалістичного колективізму. Власне у внутрішній конструктивності авторитарно-націоналістичних рухів захований «секрет», що притягує до себе розчаровані й зневірені в хаосі існуючих відносин суспільні маси.

Цей беззаперечний конструктивізм, однак, не звільняє нас від обов'язку поставитись з критичністю до тих надмірних (і часто непокликаних) ідеалізаторів режиму диктатури та її проявів, що в своєму захопленні схильні цілком ігнорувати те органічне тло, на якому є лише і мислимі здорові форми самої диктатури. Такі ілюзії часто створюють помилкові й небезпечні погляди на більшість (народну масу), як на ту «бунтівну юрбу» або «деструктивну чернь», що до неї, мовляв, можуть бути застосовані лише два засоби керування: сліпий послух і... зневага. Забуваючи, що самий політичний устрій - це є, насамперед, пристосована до вимог місця, часу та умов система доцільності, вони обертають його в самоціль, у незмінну на віки вічну догму.

Підходячи до критичного обговорення проблем диктатури, провідної меншості й народної маси (більшості), зазначимо, що в аспекті історії вони не є новими. Зокрема питанням «правління найкращих» суспільство займалося вже з тих часів, як почала існувати державна організація й політична наука.

Є величезна кількість рецептів цієї «селекції» провідної еліти. Певна частина з них знаходила собі використання в практиці життя, виконуючи свою позитивну суспільну роль до часу, поки їхній відживший зміст не заступали нові засади й форми. Цей історичний процес є доказом, що творення суспільних устроїв завжди підпадало під впливи еволюції, в етапі якої збігалися й знаходили собі конкретний вияв нові ідеї, нові поняття моралі й нові матеріальні форми існування. Коли в історії розвитку державних і соціальних устроїв хочемо встановити якийсь тривалий закон, то він проявляється хіба в одному: всякі спроби творення тих чи інших устроєвих форм завжди давали негативні наслідки тоді, коли вони відривалися від народу або полишали його лише в становищі пасивного глядача та виконавця. Існуючи певний час з допомогою насильства або інерції, вони банкрутували чи то під внутрішніми революційними ударами, чи то внаслідок власного відмирання, спричиненого ізоляцією від більшості суспільства.

Ми підкреслюємо рацію тези фашизму про величезну, конструктивну роль творчої індивідуальності в процесах життя. Геній, воля, духовна сила, розумова вищість, активність людської особистості завжди були двигунами ідей, культури й прогресу, будуючи нові епохи. Так само правильний є погляд фашизму, що дібрана на підставі якості провідна меншість (еліта) є мозком, нервом, душею і провідником більшості. Ця еліта є уособленням якісних багатств нації; наслідком її творчості користується й більшість - народна маса. Історія дає чисельні приклади величезної ролі індивідуальності й провідної еліти в державно-політичному та культурно- цивілізаційному житті народів. Заперечувати ці факти можуть хіба прибічники вульгарно-демократичного культу натовпу, комуно-соціалістичного «колективу» або анархізму.

Але чи прирівнюються вони до скороспілих і одночасно «засадничих» висновків про брак конструктивності народної більшості? Чи дійсно народні маси - це лише «юрба», групова психіка, примітивність і бунтівливість якої унеможливлюють творчість і засуджують її лише на роль сліпого знаряддя в руках провідної меншості? Такі погляди, котрі тепер доволі часто зустрічаємо в надто палких ідеалізаторах «вождизму», є діаметральною протилежністю до теорій політичної демократії та споріднених із нею «народницьких» течій, що лише в масі бачать джерело «правди всіх правд» (класичним зразком цього є відома заява, що у конфлікті влади з масою винна завжди влада). Порівнюючи ці підмінні погляди, ми гадаємо, що правда десь посередині.

Заперечення ad hoc (*спеціально для цього* або *з особливого випадку*) творчих спроможностей народних мас повинно призвести до заперечення значної частини історії культури людства. Бо ж хто може не погодитись, що остання твориться й збагачується не лише і не виключно зусиллями провідних еліт, але й постачається неоцінимими вкладами з неоформлених народних глибин? Досить дослідити етнографію, епос, мистецтво, музику, культуру народу, щоб переконатися в тій важливій ролі, що її відіграє майбутній інстинкт його мас.

Крім того, історія дає також приклади, коли власне народні маси у своєму здоровому консерватизмі й духовній непорушності виявляли у вирішальних подіях далеко більший опір, ніж їхні провідні верстви. Вони зберігали здобутки національних культур і політично-державних традицій навіть тоді, коли їхні еліти під впливом асиміляції ставали на службу ворожих історичних факторів. Це саме сталося в історії українського народу. Ніде правди діти! Коли б не ті (відгороджені деким із наших «консервативних аристократів») українські маси, не існували б сьогодні підстави відродження визвольної ідеї, бо якраз наша стара «еліта» не лише не зумовила її скріплення, але стала ініціатором її нищення у ворожих руках (ці явища бачимо ще й сьогодні). Наша історія дає справді рідкісний приклад, коли не еліта, а лише народні низи стимулюють появу нової провідної меншості, ставлячи її на кін життя зі своїх невичерпних творчих глибин.

Конструктивізм мас не обмежується на ділянках народного побуту й культури. Він проявляється й в суспільно-політичному житті, коли маси стають чинником дії, джерелом нових ідей, шукань і здобутків. Коли комуно-соціалізм бачить причини політичних, господарських і соціальних процесів в історії лише в факторах матеріального порядку, то він допускає помилки, подібно до тих, що ці процеси пояснюють виключно впливами ідей і волі провідної меншості. Бо насправді на ці здвиги (зміни соціально-господарських систем, державні перевороти, національні революції іт.д.) впливають фактори й духовно-ідейного, і матеріального характеру, що, сполучаючись у певний причинний зв'язок, витворюють імпульси нових прагнень і чину. Поруч із впливами ідей еліти та реальних обставин життя стає в тих здвигах активним співучасником і народна маса. Коли цього немає, то такі процеси не можуть набути значення переломної історичної події та змінити існуючий уклад. Зродившись в обмеженому середовищі цієї еліти, вони там же й ліквідуються або консервуються до часу, поки їхній зміст не зрозуміє й не підтримає маса. Треба зазначити, що здебільшого народні маси, втрутившись у певні політичні події, виявляють правильне, здорове відчуття моменту та його значення, хоч діяльність їх і має переважно стихійний та неупорядкований характер. Вияви «сліпоти» мас трапляються тоді, коли ідея чи історичне завдання ще не заглибилися й не оформилися в їхніх відчуттях і колективній свідомості.

З другого боку народна більшість з огляду на свою масовість і неоформленість мало придатна до важкої, планової, систематичної діяльності в широкому державному масштабі. Проявляючись у вирішальних моментах у вигляді стихійних здвигів і зривів, її енергія в нормальному часі розпливається, розпорошується в тисячах дрібниць серед сірих життєвих буднів. Координація цієї енергії, вкладання її в певну постійно й правильно діючу систему, де вирішують план, свідомість цілей і способів їхнього досягнення, належить вже еліті - провідній меншості нації. Мобілізуючи всю чинність народу, висуваючи перед ним і розділюючи між окремими соціальними прошарками завдання, дослухаючись до їхніх збірних прагнень, провідна меншість веде народ за собою на шлях його загального розвитку. Як бачимо, саме життя логічно розділяє роль маси та еліти. Коли завдання останньої означуються вже самим її змістом, то маса - це те середовище, де народжується творча індивідуальність, де наростає і акумулюється збірний майбутній потенціал, без нього не лише була б неможливою провідна функція еліти, але зникли б усякі життєві підстави її власного творення.

Як окрема індивідуальність, так і провідна меншість є продуктом свого оточення (народу).

Своїм генієм, здібностями, силою духу й волі вони можуть у певних періодах це оточення собі повністю підпорядкувати, але сама їхня поява залежить від його розвитку та якісного змісту. Ескімоси не дали і певно не дадуть світу Бетховенів і Кантів, папуаси - Едісонів, евенки чи удмурти - великих політичних систем і провідників. Не видадуть вони і геніїв, бо коли б такі в них і з'явилися, то були б змарновані без відповідних можливостей свого прояву. В цьому немає нічого випадкового...

Бо творчість обранців народу (провідників) обумовлюється виміром багатства його духу, його культурних, соціальних і матеріальних ресурсів, його внутрішньою свободою, його зовнішньою незалежністю та його державними традиціями. Ці ознаки ділять народи на аристократів і плебеїв, на сильних і слабких, пануючих і поневолених, виробників цінностей і їхніх споживачів або... занепалих.

Еліта (провідна меншість) є функцією власного народу; її внутрішній змісті спроможності значною мірою залежать від його зрілості й розвитку, а провідна роль - від постійного з народом контакту через втягнення найглибших його прошарків у процес активної співтворчості з елітою.

Проте у сучасності існують тенденції зневажати ці підстави суспільного розвитку і це доходить аж до встановлення дивовижних «законів», згідно з якими провідники й диктатори не лише не є витвором більшості, не лише не мають зважати на її прагнення, але своєю власною волею і часто всупереч бажанням народу «цієї суми пасивних нулів» мають здійснювати йому ж на користь те, чого він самий ніколи навіть собі не усвідомив би. Такі приклади дійсно бували.

Нам пригадується велична постать богочоловіка Христа та небагатьох інших гігантів-реформаторів.

Але ж такі постаті з печаттю божеського духу являються раз на століття, а то й ще рідше! Щасливий той народ, якому доля судить таких вождів. Ну, а як їх немає? Чи ж можливо на такому припущенні, що виходить із якогось фетишизму, будувати устрій держави - цілком реального витвору, складного механізму, що його складові частини вимагають постійного пильнування й раціонального поділу праці та керівництва?

Треба зазначити, що сама проблема диктатури (коли розуміти її не як доцільну методу, а як догму) є надзвичайно ускладненою й в критеріях своїх суб'єктивною. Бо на практиці кожний диктатор і його провідна група глибоко переконані, що, власне, вони самі та їхнє правління є «найкращими», в той час як інші - «гірші». Як встановлювати правильні критерії в оцінках кожного окремого випадку цієї проблеми?

Історичні приклади доводять, що диктатори й авторитарні провідні меншості найкраще здатні виконувати свої суспільні функції і досягати величезних здобутків якраз на початках свого самотворення. Вираз «самотворення» підкреслюємо, бо справжня диктатура майже завжди приходить і опановує життя сама собою. В цьому й полягає одна з її різниць від демократичного правління, що постає вона при найменшій «організації» (вибори, голосування і т.д.) внаслідок свого вміння правильно вслухатись в завдання моменту, ба навіть епохи, і зрозуміти їхній захований від інших зміст.

В початковий період диктатури її представники найчастіше визначаються високою ідейністю, могутнім завзяттям свого духу, безкорисністю, здібністю й самопосвятою. Ці піднесені прикмети провідників захоплюють більшість народу, що в масі своїй, як правило, прив'язана до дрібниць життя й нелегко від них відривається. Захоплена чинною волею й високими прикладами проводу, ця більшість вже безкритично, без всякого домислу полонена самим чуттям й вірою, іде за провідниками, сліпо підкоряючись їх наказам. Це буває переважно у вирішальних, переломних епохах життя народу. Нещасливий той народ, що не схоче чи не зможе в такі моменти огорнутися цим поривом єдності під проводом найкращих!

Однак пізніше стає часто так, що провідна меншість, досягнувши поставлених цілей і закріпивши в своїх руках владу, поступово виказує тенденцію замикатися. Приходить час її самоконсервації й відриву від живих джерел народу. Її початковий духовно-ідейний порив заступає «ділова» практичність і бюрократизм; свідомість завданих жертв і трудів висуває егоїстичні претензії до особистих привілеїв, спокою й «теплих місць»; загальні цілі затушовуються пріоритетом персонального чи групового інтересу. Подальші стадії диктатури з часом все посилюють вказані тенденції. На порядок дня приходить вже внутрішня боротьба за втримання свого панування. Диктатура з чинника, що спочатку служив загальним інтересам, обертається в самоціль, створюючи умови, що з одного боку шкодять суспільству, а з другого - підкопують її власні основи.

Процес розмінювання внутрішніх вартостей диктатури та наповнення її антисуспільним змістом відбувається навіть і тоді, коли її самотворення стимулювали великі чисті ідеї. Ці останні лише до часу стримують негативні прояви, що містяться в диктаторському режимі. Наслідком останніх бувають чито революційні зриви, чи суспільна примітивізація, що тягне за собою культурний і політичний занепад народу. Перманентна диктатура - це, власне кажучи, навіть не форма нормального державного устрою. Вся історія політики не знає прикладу, [коли диктатури] затримуючись довше, ніж того вимагає доцільність, що їх породжує - були режимами будуючими.

Навпаки - вони майже завжди тягли за собою катастрофи, що надовго стримували подальший суспільний розвиток.

Лише державний устрій, де, окрім принципів авторитарності правління, якісної суспільної ієрархії й дисципліни, збережені також елементи суспільного контролю та самодіяльності (в їхніх здорових формах) - лише такий устрій зможе своєчасно стримати переродження диктатури в антисуспільний чинник і забезпечити нації корисне сполучення авторитарності проводу зі збірною, діючою волею народних мас. При цьому сполученні відбувається постійна взаємодія між творчістю провідної меншості й працею, корективами й безпосередніми відчуттями середньої «масової» людини. В цей спосіб переходить нормальний обмін функцій у національно- державному організмі, подібний до циркуляції крові в здоровій людини.

Цієї рівноваги не може дотриматись перманентна, застаріла диктатура. Ізолюючи свою провідну меншість від мас, вона не лише усуває всякий суспільний контроль, але й нищить природне джерело свого скріплення свіжими силами з [народного] ґрунту. Паралізуючи в реальному житті всі вияви народної ініціативи, критичності й самодіяльності, зобов'язуючи всіх лише до сліпого послуху та виконання тої одиниці чи обмеженої кількості тих одиниць, унеможливлюючи суспільне виховання мас і привчаючи їх орієнтуватися виключно на вказівки пануючої касти - така диктатура руйнує умови, що серед них лише може утворюватися бажаний їй самій тип сильної, активної, ініціативної людини. Замість аристократів духу, створює вона рабів, бездушних і обмежених «апаратників» своєї системи.

Зрозуміло, що всяка здорова влада мусить відповідати вимогам постійності й авторитету, вона зобов'язана мати в своїх руках усі можливості твердого керівництва та суворих репресій проти тих відцентрових сил, що намагаються шкодити їй, нації й державі. Але ці обов'язкові прикмети не повинні створювати гіпертрофований поліцейсько-урядовий режим, де найвищим і одночасно безапеляційним лідером суспільства стає навіть найменший бюрократ-чинуша. Крім того, диктатуру (таку, що вже перетворилася в самоціль) якраз і характеризують такі тенденції. Самий її внутрішній зміст веде до надмірного етатизму й запровадження складної централістично-адміністративної системи навіть там, де вона не лише зайва, але й виразно шкідлива.

Сковуючи всі вияви життя примусовим регламентом, вибиваючи на ньому тавро урядницької бездушності й механічності, такий централізм унеможливлює й суспільну самодіяльність, і індивідуалізацію громадянина, що без них ускладнюється самий процес творення провідної еліти. Бо формування еліти найкраще відбувається в умовах вільної (хоч і регульованої національно- державними інтересами) циркуляції суспільних цінностей і творчості. Така диктатура перетворює населення країни в безвладне знаряддя, що керується інерцією послуху й дисципліни.

Дисципліна в суспільно-політичному житті необхідна взагалі, а особливо в нашу підкопану демолібералізмом епоху. Однак ми переконані, що передумовою внутрішньої організованості й зовнішньої обороноздатності державної нації не є сам урядовий тиск. Погано, коли правильність устрою перед населенням доводять лише поліцейський комісаріат і його правила... Бо справжня сила політичного устрою й тих ідей, що в ньому закладені, найкраще спостерігаються в умовах відповідної свободи, де при збереженні авторитету влади й її провідної зверхності забезпечені суспільству необхідні сфери критичного мислення, чинної співучасті в державному житті й самовиявлення.

В цьому власне й полягає справжня, глибока ідея правової держави, що дисциплінуючи громадянина й підпорядковуючи його загальним цілям, водночас не позбавляє його права залишатися індивідуальністю.

До яких висновків приводить нас розгляд питання диктатури, провідної меншості й маси? Завдання тривалої реконструкції розхитаних основ політичного життя вимагає тверезого, критичного підходу до всіх виявів і минулого, і сучасності. Не безоглядний і легковажний розрив із всім попереднім (тому що воно «немодне»), а лише вміння доцільно узгоджувати випробувані елементи старого з новими завданнями й формами - запорука правильного погляду на речі. Це стосується й проблеми існуючих тепер диктатур.

Фашизм та інші націоналістичні рухи відкрили забутий світ великих ідей. В основу своєї діяльності вони поклали здорові принципи авторитарності проводу нації, ієрархії, обов'язку й дисципліни. На цих ідеях і принципах сформована їхня велика місія лікарів хворої епохи. Однак не слід забувати, що вони переходять початковий етап свого оформлення, що характеризується всіма позитивними особливостями творення нової провідної еліти. В цих умовах диктатура є тим творчим, мобілізуючим і виховним фактором, що кличе за собою більшість і твердою рукою скеровує її до розбудови духовних і реальних цінностей. Не визнавати це можуть лише сліпці або озлоблені прихильники старих, збанкрутованих талмудів.

Проте у фашистській та інших диктатурах також заховані й певні некорисні елементи, які ми підкреслювали. Вони ще в ембріональному стані, але прийде пора, коли їхні діяння ставатимуть все виразнішим. Тоді постане потреба перегляду цих систем і певних коректив, відповідних зміненим суспільним умовам і нормальній потребі громадянина бути не лише об'єктом авторитарного обов'язку, але суб'єктом творчого права.

Від чуйності націоналістично-авторитарних диктатур до цих органічних потреб суспільного розвитку залежатиме чи то подальший розвиток, чи то закостенілість і деградація.

Їхні ідеї, науку і досвід зобов'язана використати українська нація в процесі своєї державницької розбудови. В застосуванні цих вартостей до нашого національного майбутнього полягає одне з завдань українського націоналізму. Проте український націоналізм не обмежує свою творчість механічним копіюванням чужих зразків. Майбутня українська держава не буде ні фашистською, ні націонал- соціалістичною, ні «прімо-де-ріверівською».

Свідомі історичні традиції нашої нації, особливостей її сучасної суспільної структури та прийдешніх завдань її всебічного розвитку - український націоналізм будує устрій України на власних, оригінальних націократичних основах.

До з'ясування внутрішнього змісту й устроєвих форм української націократії ми і переходимо.

VI. НАЦІОКРАТІЯ

1. ІДЕОЛОГІЧНІ ПІДСТАВИ НАЦІЇ

Український націоналізм прагне до створення політичного, соціального та господарського ладу самостійної Української Держави на принципах націо-кратії. Для з'ясування внутрішньої суті й устроєвих форм націократії та її відмінностей від інших полі-тичних устроїв ми переглянемо по черзі головні програмні засади українського націоналізму, ідеоло-гічні підстави нації та ті закони, що нею керують.

Ми вже, загалом, дізналися, як трактують націю й державу різні політичні течії. Нагадаємо коротко ці різниці. Отже, політична демократія, хоч і визнає націю, але своїм раціоналістичним світоглядом позбавляє її духовних початків, надміру матеріалі-зуючи її сутність; в самій державі сучасна демократія, ставлячи в основу своєї ідеології звульгаризований ліберальний культ особистості («Ціль всього - люди-на!»), бачить лише технічний засіб задоволення потреб суспільства та його основного атому - окремої людини. Соціалізм і комунізм, засадничо заперечуючи націю й державу, вважають їх за перехідну історичну (і «сумну») необхідність, що в майбутньому буде замінена бездержавно-інтернаціональною організацією суспільства й космополітичною нівеляцією всього людства. Новітні націоналістичні рухи (фашизм і т.д.) бачать у нації абсолютні цінності, що приймаються за непорушні догми, а державу ототожнюють із самою нацією, як органічну форму її існування.

У своєму відчуванні та розумінні нації й держави український націоналізм споріднений з останніми рухами. Для українського націоналізму Українська Нація є вихідною установкою для діяльності та сенсом усіх його прямувань. Він розглядає націю не як механічний збір певної кількості людей, пов'язаних лише спільністю території, мови й матеріальних інтересів, а лише як найвищу органічну форму людського співжиття, яка при всій своїй різноманітності має власний неповторний внутрішній і духовний зміст, творений сторіччями на підставі природних властивостей певної людської спільності, її моральної єдності та бажання здійснювати свої власні історичні завдання. Не сама матеріальна база існування, а лише, насамперед, дух і воля нації, що постійно проявляються в її творчості й змаганнях, є основними чинниками її життя і сили, надаючи їй притаманний, відмінний від інших націй змісті характер. Отже, націоналістичне розуміння нації (на відміну від ідеологій демократів, соціалістів і комуністів) ґрунтується на духовно-волюнтаристичному світогляді, тобто такому, що головними підставами й двигунами життя нації вважає її дух (ідеї) і волю до творчості та боротьби.

Противники українського націоналізму люблять його світогляд ставити в «лапки» і доводити його «ненауковість». Мовляв, він заснований на метафізичних початках, відриває поняття нації від реального життя й обертає її в якусь містику. Це, безперечно, не так. Націоналістичне розуміння нації не перетворює її в якусь абстракцію, що стоїть поза людьми, їхнім життям і інтересами. Навпаки, воно надає їй значення найголовнішої реальної основи духовного й матеріального життя, що об'єднує й окремих людей, і їхні інтереси. Власне ідеологія націоналізму дає йому спроможність тверезими очима дивитися на світ, на всі його різноманітні явища та бачити весь неприхований зміст тих життєвих і моральних законів, що на них лише й може бути засноване здорове існування української нації.

На що ж вказують ці закони, в стислих питаннях нації? Насамперед, на те, що кожна нація постійно збільшує свої духовні та фізичні сили, перебуваючи в стані невпинного зростання. Коли ці вияви не проявляються, то це є доказом, що ця нація вже перебуває на шляхах упадку та деградації. Відповідно до цього зростання перед кожною нацією стає завдання здобуття тих загальних засобів, що для свого насичення й скріплення вимагає її організм.

До певного часу ці засоби здобуваються інтенсивним використанням внутрішніх ресурсів, але врешті приходить пора, коли вони стають недостатніми. Тут проявляється своєрідний закон усякої інтенсифікації, коли в певному моменті пропорція вкладених зусиль не дає вже відповідного еквіваленту, бо останній все зменшується. Тоді перед нацією стає питання: або самій зупиняти свій розвиток, або шукати зовнішніх, екстенсивних, засобів вивільнення своєї рушійної енергії. Ніяка здорова нація не піде на самообмеження; вона шукає поширення назовні, і тут на своїх шляхах зустрічає інші нації, керовані однаковими, але суперечними їй завданнями та інтересами. Так твориться явище, що його називаємо імперіалізмом.

Національно-державницький імперіалізм - це неминучий прояв історії. Він постійно діє, без огляду на внутрішні політичні устрої державних націй, що змагаються між собою за протилежні інтереси. Демократично-пацифістські й соціалістичні теорії, що пояснюють імперіалізм недостачею «розуму» в людей, діянням «стихій руїни» або впливами «націоналістичної буржуазії», не витримують ніякої критики. Бо імперіалізм, беручи його в широкому розумінні постійних суперечностей інтересів і боротьби за їхнє здійснення, позначає всі без винятку історичні періоди існування людства. Життя має свої закони, зовсім протилежні туподумним міщансько- обивательським світоглядам. їхні теорії, що зводять спокій до рівня ідеалу й бачать у ньому єдину можливість «розвитку», кваліфікуючи кожне змагання, як регрес і вияв «руйнівних сил», в найменшій мірі не відповідають правді життя та його твердій філософії.

Як у фізіології життя чергується із смертю, а відпочинок організму з його активністю (накопичення й витрата енергії), так і в суспільному житті періоди рівноваги й спокою змінюються періодами порушень і боротьби. З того циклічного чергування явищ життя витворює свої «генеральні» напрями, що, окрім ілюзорних переривань і зигзагуватості, творять загальну лінію розвитку. В цьому процесі не важко помітити численні приклади, коли довгі періоди спокою спричинювали занепад, тоді як війни ставали фактором розвитку. Націоналізм усвідомлює й творче значення миру в певних умовах, однак, це не засліплює його розуміння основних законів існування націй і їхніх відношень між собою, що базуються не на вигаданих мріях про «згоду», «братерство» й пацифізм, а лише на неминучих суперечностях.

Пацифістичні демократи бачать можливість вічного миру в майбутньому морально-духовному переродженні людей, що виключатиме всяке змагання; комуно-соціалізм фальшиво твердить, що сучасний національний поділ світу належить до історичної категорії: в майбутньому нації зникнуть, а з ними і причини міжнаціональних суперечностей. Ці теорії заперечує історія й дійсність. Трансформація рас і антропосоціологія вказують, що внутрішньо мінливі або цілком зникаючі раси та їхні етнічні прояви створюють на своєму місці нові етнічні колективи, чий розвиток йде не по лінії нівеляції (зменшення значущості - прим. ред.), а лише навпаки - диференціації, вирізнення. Цей процес не лише не зупинився, але ще посилився в нашу епоху як прагнення навіть найменших народів до національної емансипації. Наслідком цих прагнень і є сучасне явище націоналізму, що набирає вже світового значення. На етнічно-національний поділ людства впливає незбагненний закон світобудови, що з безмежно великої різноманітності складових елементів життя творить його величаву суспільну гармонію. І чи ж можна думати, щоб цей діючий із глибин тисячоліть закон був змінений приписами спекулятивних марксівських та інших теорій?! Майбутнє може колись змінити конструкцію суспільства, але годі думати, щоб ці зміни здійснилися через запровадження світової одностайної й одномовної космополітичної комуни. Одвічні стимули життя залишаться тими самими!

Сама можливість переродження людської психіки, як це собі уявляють різні псевдогуманісти, є не лише нереальною, але й аморальною проти цілої природи людини. Остання творить із себе складний комплекс свідомості, індивідуальних духовних рис, інстинктів, побуджень, почувань і нахилів. В ній зосереджується сумарна сукупність «добра» і «зла», а в цій сукупності - першобутні сили, почуття пристрасті та інстинкт боротьби є одними з найголовніших.

Цього не можуть збагнути гуманістичні фантасти, що схильні приписувати «розуму» виключне значення та вважають людину за вродженого носія самого «добра», що «псується» лише внаслідок сторонніх впливів і соціальних умов. Заперечуючи в цей спосіб фізіологічні й психологічні ознаки, вони нищать в людині те, що разом з розумом надає їй життєву стійкість та імпульси до творчості - її інстинкти. Розум і суспільна організація справді повинні ставити тверду межу шкідливим виявам цих інстинктів. В цьому й полягає сутність соціальності людини. Але спроби їхнього цілковитого знищення є утопічні та, навіть, шкідливі. Бо, коли б така духовна «пацифікація» людей здійснилося, то від того не зробилось щасливим саме життя. Бо ж чи справді його зміст, глузд і радість полягають в самому абсолютному спокої, з безтурботним сірим існуванням із дня на день, в запровадженні якогось всесвітнього «санаторію» з мільярдами анемічних євнухів на землі?!

Дуалізм творчого життя складається з елементів добра й зла, з напруження й відпочинку, з поразок і перемог, з втраті надбань, з жертвенних шукань і радісних, хоч і важких, здобутків. Основою існування є суперечності, боротьба і сила.

Виходячи із духовно-волюнтаристичного світогляду, український націоналізм сприймає власну націю як найвищу, абсолютну ідейну й реальну цінність, висуваючи гасло «Нація понад усе!». Націоналісти хочуть бачити українську націю великою, потужною, могутньою й щасливою. Розуміючи підстави її існування, вони змагаються за створення для неї таких реальних умов, що могли б найкраще забезпечити її стійкість у сучасних і майбутніх змаганнях. Для цього вони мобілізують творчий дух і діючу волю нації, означуючи на їхній основі її шляхи в прийдешність.

Обґрунтовуючи свій світогляд з єдино-правильного відчуття й розуміння законів, що керують долею нації, український націоналізм протиставить його всім іншим світоглядам. Ідеологія націоналізму є суцільна, неподільна, войовнича й непримира; її немислимо погоджувати з іншими ідеологіями. Український націоналізм знає, що із природи своєї всяка національна ідея й національний інтерес є запереченням ідей та інтересів. Виняток із цього правила буває або тоді, коли національна ідея та її інтереси не можуть протиставлятись іншим (тоді вони підкорюються чужій силі), або коли між ними немає безпосереднього спірного контакту (тоді можлива згода, заснована на обопільному егоїзмі й шануванні сили другої сторони). Тому свою ідеологію націоналізм будує на максималі-змі, здоровому егоїзмі, любові до свого, нетерпимості до ворожого й активізмі, здатному бути залізним тараном для розтрощення чужої сили, яка схоче стати нації на перешкоді.

В обранні засобів визволення української нації націоналізм не обмежує себе ніякими «загальнолюд-ськими» приписами «справедливості», милосердя й гуманізму, вважаючи, що вони можливі для здійснення тільки в умовах взаємності. Натомість, прийняті абсо-лютно й застосовані до ворогів, вони часто стають джерелом внутрішнього розкладу й причиною націо-нальної поразки. «Все те добре, що добре для блага, сили й розвитку моєї нації; все те зле, що цю силу й розвиток послаблює» - це основна заповідь ідеології українського націоналізму.

Як бачимо, ідеологія націоналізму є наскрізь реальною, вона відображає в собі накази національ-ного існування й присвячує себе єдиній великій меті: службі самостійній соборній нації!

2. СУТНІСТЬ І ЗАВДАННЯ ДЕРЖАВИ

Розуміння нації як найвищої в своїй внутрішній цінності й значенні основи суспільного життя приводить націоналізм також до відповідного трактування істоти та завдань держави. На відміну від соціалістичних антидержавних теорій, український націоналізм вчить, що передумовою забезпечення всебічного розвитку нації та її активної ролі в світовому оточенні є власна, незалежна держава. Державна організація має узгодити взаємодію усіх сил нації та забезпечити їм вільний розвиток. Вона, в розумінні українського націоналізму, має відображати в собі співвідношення окремих національно- суспільних складників, об'єднувати їх в ту суцільність і охороняти їх зовні силою й правом своєї суверенності (незалежності). Факт існування нації не конче зумовлюється її державною незалежністю (бувають і недержавні нації; з таких наразі є й Українська Нація), проте тільки через власну державу нація стає творчим чинником історії й повноправним господарем своєї власної долі. Без нього нація завжди й неминуче стає предметом поневолення й визиску інших державних націй.

Тільки державне існування нації вповні здійснює і посилює чинний характер самої національної ідеї. Тому основне завдання нації полягає в поширенні її державних меж - етнографічного простору. Про це свідчить не тільки духовна й фізична неподільність нації, але і усі підстави її власного майбутнього. Неможливість чи невміння досягнути свого державного об'єднання позбавляє націю передумов подальшого належного росту, навіть спроможності правильно виконувати свої життєві функції. Тоді для нації унеможливлюється не лише заспокоєння ймовірних потреб екстенсивного (зовнішнього) поширення, але й інтенсивне (внутрішнє) використання її власних ресурсів.

Життя за його духовними двигунами й протилежними інтересами накидає нації свій залізний закон, згідно з яким передумовою її здоров'я, сили й поступу є державна соборність. Без цього загрожує нації розшматування та руїна. Ось причини, чому український націоналізм поруч з історичними ворогами із такою непримиренністю також бореться з москвофільством наших комуно-соціалістів та гетьманців і полонофільством ундо-уенерівщини. Свідомий величезного значення об'єднання всіх земель Української Нації, як головної підстави її здорового існування, він [український націоналізм] протиставить цим групам концепцію власних сил нації й національної революції, змагаючись за здобуття самостійної, соборної держави, що є центральним пунктом його політичної програми.

Засаду великодержавності ми підкреслюємо навмисно, щоб вказати на ті принципові розбіжності, що виникають між українським революційним націоналізмом і різними так званими «національними» партіями в оцінках завдань і значення нашої будучої держави. Протисоборницьке (а тим самим і противеликодержавницьке) положення партій пов'язане з їхньою фактичною відмовою від усякої реальної боротьби за державність (легалізм і опортунізм). І це не є випадковим! Тут діє їхня збірна психологія, заснована на старому раціоналістичному світогляді, з його скептицизмом, вірою в пацифістську конструкцію життя, де правда, мовляв, «сама перемагає» («бо життя керується розумом, а не сліпими стихіями»). Цим раціоналізмом оперували наші партії в найвирішальніші й найкритичніші для української нації моменти. Що з того вийшло - всі знаємо! Проте й після пережитого трагічного досвіду їхнє психологічне наставлення ніяк не змінилося... І тепер проти боротьби, змагання, жертв, загарбницького натиску, взагалі проти всякої діяльності, що вимагає мобілізації волі та зусиль, протестує увесь їхній внутрішній зміст.

Стан бойової готовності та дії вражає їх незвичним напруженням; він лякає їх примусом жертв, необхідністю поставити все на одну карту й поступитися егоцентризмом «особистого інтересу». Тому відкидають вони тактику прямого революційного наступу з її непримиримістю й принциповістю, послуговуючись кон'юнктурністю, спекуляціями, легалізмом, опортунізмом і філософією «якось то буде». Самостійності вони справді хотіли б, коли б хтось їм її «дав»; однак, нічого самі не роблячи для здійснення цього завдання, вони вже згори спішать демобілізуватися в очікуванні того «спокою», що чекає їх у власній державі.

Для того власне вони з такою завзятістю (справді гідною кращого застосування!) виступають проти націоналістичної концепції національних і міжнаціональних відносин, що вимагає постійного зосередження сил, витривалості й чуйної пильності. Вважаючи націоналістичне гасло «Україна понад усе!» «нездоровим» або «смішним» шовінізмом, а націоналістичну теорію перманентної (постійної) міжнаціональної боротьби й суперництва, де встояти може лише сильна, ініціативна нація, «шкідливим імперіалізмом», вони вже наперед присягаються, що, здобувши державу (навіть лише у межах Вінницького повіту!), нізащо не вестимуть проти інших націй активної політики. Наївні у своєму доктринерстві та непоправно хворі на нігілістське ставлення до всякої вищої мети, що не укладається у вульгарні, обивательські поняття спокою й «добробуту одиниці», вони годяться лише на вимушену іншими «оборону». Забуваючи, що навіть оборона успішна лише в наступі!

Український націоналізм хоче стати причиною створення потужної й великої держави, що могла б щохвилини через свою внутрішню цілісність і зовнішню активність якнайкраще здійснювати завдання української нації та захищати її інтереси перед іншими націями. Як зазначалось, у цьому бажанні він послуговується, насамперед, засадами здорової, егоїстичної національної моралі, що не обмежується ніякими «принциповими» умовами і виключністю національного інтересу, що стає для нього вище всіх «загальнолюдських» доктрин.

Заперечити життєву правильність цих прагнень і принципів націоналізму ніхто не може; не можуть цього зробити й противні йому партії. Тому в боротьбі з націоналізмом послуговуються вони провокаційною брехнею, свідомо викривляючи його ідеологію й програмні завдання. Вони твердять, що націоналізм хоче поневолити власне ж суспільство й перетворити його в сліпе, безчинне знаряддя послуху «кліці диктаторів», що каже: «Держава - це я!».

Прирівнюючи український націоналізм до фашизму (брехливо представляючи самий фашизм у спекулятивній надії, що широкій громаді недоступні його джерельні студії, крім безграмотних і демагогічних брошурок), вони тенденційно представляють його в суспільній думці як «антинародний» рух і «пугало» громадської свободи. Між тим, український націоналізм, визнаючи за фашизмом велику історичну заслугу і дійсно наближуючись до нього своїм ідеологічним змістом, є водночас рухом наскрізь оригінальним і повністю незалежним. Він орієнтується лише на завдання власної нації, чого якраз ніяк не можна сказати про наші партії, що в своїй прив'язаності до чужих неорганічних ідеологій цілком забувають умови та вимоги власного національного оточення.

Націоналізм вчить, що коли нація являє собою основу людської спільноти й джерело її духовної та матеріальної творчості, то держава - це життєве здійснення нації, це засіб, що забезпечує, удосконалює й збагачує її існування, що визначає її історичну роль між іншими націями. В націоналістичному світогляді нація й держава виступають як цілісна та найвища в її ідейній і реальній вартості мета, що визначається поняттям державної нації. Для націоналізму держава не є відірваною від життя й людей самоціллю. Натомість вона стає поруч із нацією найвищою ціллю, якій націоналізм підпорядковує всі інші цілі та інтереси: класові, партійні, групові й особисті.

Таке розуміння сутності держави далеко відходить від поглядів на її природу політичної демократії, а зокрема «демократії» української. Остання й тепер перебуває під прокляттям примітивної та безтрадиційної ідеології, що з особливою силою проявляється серед бездержавних національних суспільств. Зводячи (здоровий у своїй предметній основі) постулат індивідуальної свободи до абсурдного анархізму в думках і діяльності, а поняття особистого інтересу - до отупілої міщанської своєкорисливості, наша радикальна й соціалістична демократія являє собою страшне видовище ідейного й політичного нігілізму, що стає запереченням усякої системи, ієрархії й громадського ладу. Вищі невід'ємні цінності держави - це для неї не більше, ніж «реакція» або й «контрреволюція». Переповнена й тепер забобонністю нігілістично-драгоманівської «науки», вона до всякої державної організації ставиться з засадничою підозрілістю. Всякий державний устрій (крім її власних програм, де є все, крім елементів державицтва!) їй взагалі представляється не інакше, як «поліцейський комісаріат», де когось обов'язково мають «душити» і «поневолювати». Вона взагалі найкраще почувається в умовах дезорганізованості (як і в організації), а найкраще під чужонаціональною рукою. Однак коли б таки дійшло до створення власної держави, то ундо-уенерівські й радикал- соціалістичні «демократи» інакше собі її не мислять, як в ролі тої «кооперативної крамниці», де кожний міг би вільно ходити за «добробутом» з найменшим тягарем державних обов'язків і жертв. В цей спосіб розуміють вони «ідеї» громадської свободи й людських прав.

А втім, так не є й не сміє бути! Здорова й альтруїстична до власної нації ідеологія українського націоналізму не може погодитися на трактування держави лише за технічний засіб задоволення громадських і особистих інтересів. Держава - це не крамничка, що до неї ходять тільки «за потребою». Стоячи на службі національно-громадських інтересів, допомагаючи в їх здійсненню цілому суспільству й поодиноким громадянам, держава водночас має свій власний, незалежний змісті характер, що випливає із зверхності її мети та загальності її значення. Сама її природа й національно-історична суть обдаровують її вищими вартостями, що перед ними мусить коритися частковий і тимчасовий інтерес. Держава - це не лише організована доцільність; це, насамперед, святе святих нації, що зобов'язує кожного громадянина до служіння, жертв і високих духовних поривів.

Не внутрішня боротьба часткових інтересів, а тільки солідарні, узгоджені зусилля цілого суспільства, спрямовані на забезпечення сили й ладу держави, можуть гарантувати в лоні нації всім її прошаркам внутрішній мир, охорону, працю, законність, соціальну справедливість і розвиток. Це конструктивне завдання націоналізм окреслює в гаслі: «Держава вище класів і партій!»

Державний устрій націоналізм будує на авторитеті влади й організованій на органічному принципі участі в державному керівництві працюючих верств української нації. Підкреслюємо: працюючих верств. Бо націоналістична ідеологія (цілком далека як від соціалістичної демагогії, так і від антисуспільної реакційності клерикально- гетьманського «консерватизму») зумовлює рівність у громадських правах й участь у державному керівництві, насамперед, обов'язком громадянина та його працею на користь нації та держави. Тільки творчі, виробничі соціальні складові нації націоналізм вважає наділеними правом і гідними до управління державою. З цих складових творитиметься справжня провідна верства. Натомість соціальним хижакам, суспільним неробам, шкідникам і політичним «отаманам» націоналізм відмовляє не тільки в праві на керівництво, але і в самому сенсі існування.

На цих принципах будується основоположна концепція українського націоналізму, що її називаємо націократією. Політичні, соціальні й господарські форми націократії ми переглянемо нижче. Тепер подаємо її загальну дефініцію. Отже, націократія - це режим панування нації у власній державі, що здійснюється владою всіх соціально-корисних верств, об'єднаних відповідно до їхніх суспільно-виробничих функцій в представницьких органах державного управління.

3. СУСПІЛЬНО-ВИРОБНИЧА СТРУКТУРА НАЦІЇ

«Нація - це вічність» - вчить український націоналізм. Коріння її виростають із глибини віків, а рух розвитку прямує у незбагненну прийдешність. Являючи собою підставу існування людської спільноти, нація єднає в своїй непохитній незмінності її окремі складові. Органічна у своїй духовній і фізичній істоті як цілісність, вона й цим складовим надає в кожен період історичного розвитку органічний характер. Внутрішній поділ нації на окремі складники мінявся щодо їхніх суспільних форм, функцій та процесів історії. В нашій епосі цей поділ всередині нації характеризується існуванням окремих соціальних груп населення.

Проблеми соціальних груп, їхньої взаємодії та відношення до нації й держави належать в цей період до найсуперечливіших і найактуальніших. Власне тут лежить вузол боротьби ідей і суспільних антагонізмів, що стрясають сучасність, створюючи соціальні конфлікти й революційні зриви. Щоб зрозуміти причини цих явищ, треба розглянути ті процеси й збудники, що приводять до згаданого поділу. Кожна національна спільнота має дві сторони свого буття: духовну й матеріальну. Коли перша є джерелом її творчості, то друга - це те реальне тло, що на ньому ця творчість конкретизується в певних матеріальних надбаннях. Як духовна творчість підкорюється законам якісної, індивідуальної градації (спираючись на неї, націоналізм заперечує комуністичний психоз «колективу», що не творить, лише «дєлаєт» культуру), так і матеріальна діяльність суспільства базується на виробничій градації, що диктується життєвою доцільністю й називається суспільно-господарським поділом праці.

Принцип господарського поділу праці спостерігаємо вже в примітивних суспільствах старовини. Залежно від їхнього культурно- матеріального розвитку та поширення товарового обміну, цей розподіл все поглиблювався, створюючи окремі суспільні групи (цехи, виробничі корпорації, стани) людей, зайнятих виробництвом конкретних господарських продуктів, обмін яких забезпечував їм існування. В цій історичній добі знаходимо початки теперішнього суспільного розгалуження націй. Протягом останнього століття, при капіталістичній системі продукції й обміну, господарський поділ праці пішов прискореними темпами й оформився в сучасній технічно-виробничій спеціалізації й соціально-класовій диференціації суспільства. Як бачимо, розвиток суспільно-виробничої структури націй прямував органічними шляхами, відображаючи в собі більш ускладнені вимоги життя й господарської продукції.

Слід зазначити, що розподіл суспільних функцій не обмежився самою господарською ділянкою; він впливав також на нерівномірну концентрацію багатств, запроваджував протилежність матеріальних інтересів, і призвів до створення відповідних політичних систем в історії, де право на владу й панування здобували привілейовані, економічно сильніші групи, що накидали обов'язок послуху й господарську залежність матеріально-слабшим.

Уся історія позначається цим змаганням багатства з бідністю за перерозподіл матеріальних благ і за політичні впливи; змаганням, що знаходить свій зміст в сучасному широкому понятті соціальної боротьби та експлуатації. На фоні цих процесів з'являється ряд питань. Коли суспільно-виробничий розподіл нації є явище органічне, то чи справді стають неминучі й антагонізми її окремих складників? Чи дійсно соціальний гніт і експлуатація економічно слабших сильнішими мають характер закономірності? А коли так, то чи не означає це те, що сама концепція суспільного життя є несправедливою й аморальною?

До розв'язки цих питань демократія й комуно- соціалізм підійшли різними шляхами. Визнаючи факт соціальної нерівності, політична демократія шукала способи її вирішення в площині етичній. їй здавалося, що досить проголосити свободу індивіду, виховати його на гаслах «рівності й братерства», як цей індивід, а за ним і всі інші, виявляючи свої прагнення у «волі більшості», запровадять корисний, відповідний «справедливій логіці» життя суспільний лад. Проте демократичні теорії призвели до несподіваних і протилежних практичних наслідків: в епоху демократії й капіталізму соціальна нерівність, матеріальний визиск праці й політичне панування фінансово-партійної олігархічної меншості над більшістю набрали особливо виразних і антисуспільних форм.

Комуно-соціалізм не вірив у направляючу силу етики, особливо «буржуазної» етики. «Конструктивний вплив може мати лише «соціалістична» етика, що буде наслідком соціально-політичної й економічної перебудови суспільства, а не її причиною», - казав він. Заперечуючи органічність нації й її окремих складників - класів (крім пролетарського), комуно- соціалізм висунув програму соціальної революції, що має скасувати приватну власність (як головну причину соціальної нерівності й експлуатації) і створити безкласове (однокласове) суспільство із соціалістичними засобами господарського виробництва. Комуно-соціалістична концепція грішить не меншими помилками, що й демократична. Бо, коли демократія, покладаючись на логіку «гри стихійних сил», недооцінила значення організованого втручання суспільства в соціально-виробничі процеси, то комуно-соціалізм переоцінив можливості планово- регулюючого принципу в суспільному житті, зводячи останнє до шкідливого схематизму й духовно- матеріальної нівеляції. Комуно-соціалістичний теоретичний план створення однотипного, унітарного (однокласового) пролетарського суспільства - то, мовляв, єдине може усунути визиск і нерівність - заперечував органічний суспільний розподіл, і тому завів [в нікуди] у практиці. Це підтверджує й дійсність СССР. В совєтській «реторті» відбувається нова суспільна диференціація, а з нею кристалізується й стара соціальна нерівність. Дарма, що позначається вона тепер іншими назвами (раніше були «їхні благородія» і «потомственні дворяни», тепер - «партсекретарі» і «знатні люди комунізму»). На тлі цього процесу стає все виразним і матеріальний визиск дійсно-працюючих псевдопрацюючими.

Цей визиск переходить в особливо жорстоких і характерних для нуворишей-конкістадорів формах, що несподівано для самих себе вийшли на кін історії.

З інших положень виходить при розгляді порушуваних проблем націократична концепція.

В розвитку внутрішніх відносин нації вона бачить органічний процес сполучення духу й матерії, що створює в кожну тривалу історичну добу притаманні їй суспільно-виробничі й устроєві форми. Конструктивне чи деструктивне значення цих форм в цьому історичному періоді залежить від їхньої своєчасності й пристосованості до збірних потреб суспільного організму, що невпинно розвивається.

Тут спостерігаємо еволюцію, що має свою логіку й розставляє історію в певні послідовні етапи. Та обставина, що, наприклад, в добу меркантилізму Кольбера55 не існували літаки, сучасні банківські концерни, або не було «наукового» соціалізму, не є випадковою. При розгляді суспільних форм цієї еволюції з перспективи часу годі встановлювати їхню «соціальність» чи «антисоціальність», «справедливість» чи «несправедливість» на критеріях сучасних політичних теорій і етичних понять. Цієї помилки допускаються комуністи, коли в усіх, навіть прадавніх періодах історії, знаходять чудесне «підтвердження» партійних «законів» Маркса-Леніна-Сталіна. І таки наші соціалістичні «соціологи», що, описуючи добу Князя Володимира або Богдана Хмельницького, підходять до неї з критерієм темпераментного есерівського агітатора й обурено картають цих мерців за те, що були вони «буржуями-поміщиками» і «ворогами працюючого люду» (коли не помиляємось, таку «науку» розвивав у своїх писаннях Микита Шаповал). Бо, коли соціальну справедливість розуміти не ТІЛЬКИ під кутом сьогоднішньої можливості для всіх людей добре їсти, одягатися й відпочивати, але у широкому плані історичного обґрунтування, то буде здаватись, що всі створені нею соціальні, господарські, політичні й правові інститути були потрібні, як складові елементи загального прогресу, а тим самим і справедливі, і етичні для свого часу.

Соціально-несправедливими й неетичними ставали вони тоді, коли подальші завдання суспільного розвитку переростали їхній зміст і призначення, перетворюючи їх із факторів передових в гальмуючі або й руйнуючі. Однак ці старіючі інститути (політичні устрої, господарські системи, суспільні стани і т.д.), набираючи вже виразних паразитарно-шкідливих форм, все ж ще намагались втриматись за життя й творили серед своїх прихильників в суспільстві своєрідні («консервативні» або реакційні) течії, аж поки цілковито не зникали, збагачуючи досвід і «архів» історії. А зміни найчастіше проходили в умовах боротьби, суперечностей інтересів і соціальних антагонізмів, поки нові фактори не повертали порушену рівновагу. В циклі цих історичних явищ помічаємо, що, коли еволюція стабілізує певний уклад суспільного існування в матеріальному плані, то революція виступає в ролі його коректора, черпаючи своє новаторство в площині ідей і духу.

В істоті своїй націократія також є й еволюційна і революційна. Ця перша її ознака виявляється в намаганні зберегти актуальні й животворчі сили суспільного укладу та забезпечити для них найкращі умови розвитку, тоді як друга - в організованій здатності своєчасно усувати перешкоди, що стають на дорозі прямувань суспільного організму. Тому, на відміну від інших політично-устроєвих концепцій, націократія не має ознак схоластичного доктринерства. Заснована на стійкому світогляді, вона в розбудові суспільно-виробничих і політичних відносин всередині нації керується не мертвими чи там паперовими програмами, а лише безпосереднім відчуттям потреб нації та її окремих елементів.

Націократія визнає, що нерівність іманентна (притаманна) суспільству. Хай цей закон заперечують демократичні ілюзії й комуно-соціалістична демагогія, проте він відповідає різноманітності й градації самого життя, що ніколи не укладається в однотипні схеми. Справді, конструктивні завдання суспільства полягають не в безнадійних утопіях «уравніловки» (якраз тут класично збанкрутував комунізм), а лише в організованому прагненні до радикального спрямування сучасної виробничої анархії, до знищення паразитарної експлуатації інтелектуального й фізичного труду, олігархічної безвідповідальності і становокласових (буржуазних і комуністичних) абсурдів, що творять хворобу нашої епохи. Як будемо бачити, саме в цій площині шукає націократія спрямування соціальних відносин. Виходячи з принципів якості, творчого обов'язку та національної етики, вона будує лад, здатний забезпечити кожному продукуючому члену суспільства всебічний розвиток, правове положення й справедливий еквівалент (оплату) його праці.

Всередині нації дійсно проявляються певні розбіжності інтересів окремих суспільних груп, та це в найменшій мірі не виправдовує комуно- соціалістичних теорій заперечення самої нації й класової війни. Як у фізиці або фізіології, так і в нації проходить процес взаємного притягнення різнорідних по своєму змісту елементів. Вона зазнає невпинного обміну суспільних речовин, що забезпечують її загальне здоров'я. Основою цієї внутрішньої гармонії є, насамперед, духовно-вольові фактори, але, крім них, впливають і фактори матеріальні. Бо, окрім певного взаємозв'язку, ці матеріальні завдання та інтереси найкраще здійснюються й забезпечуються в організуючих і контролюючих рамках нації- держави. Гармонійне співробітництво соціальних груп порушується й зазнає внутрішніх зривів в умовах застарілості суспільно-виробничої структури нації, коли разом з актуальними групами для цієї історичної доби затримуються ще при житті, а то й при пануванні ті складники, що вже пережили свою соціальну місію і, відмираючи в клітинах націй, стають паразитарними. Тому націократія, заперечуючи «пролетарську» фікцію комуно-соціалізму, з не меншою нетерпимістю ставиться до українських реакційних або так званих «консервативних» течій, що під спекулятивною назвою «трудових монархій» намагаються штучно оживити паразитарні й антисуспільні (поміщицькі й «протофісовські») сили.

За фундамент своєї суспільно-виробничої й політичної будови націократія бере животворчі, характерні для нашої доби й інтересів української нації основні групи селянства, робітництва й провідної, продукуючої інтелігенції, що є еманацією (втіленням) цих перших двох соціальних груп, ведучи їх у творче, бадьоре майбутнє не шляхами антагонізмів і війни «всіх проти всіх», а лише шляхом соціального миру й солідарності (співробітництва).

4. СОЦІАЛЬНО-ЕКОНОМІЧНІ ПІДСТАВИ НАЦІОКРАТІЇ

Націократія, як режим панування нації у власній державі, що здійснюється владою всіх її соціально-корисних верств,лишилася б утопією, коли б націоналізм не спромігся оперти її на здорові соціально-економічні підстави. Націократичні принципи надкласовості й національної солідарності перетворилися б на практиці в пусті слова, коли б український націоналізм не мав сформованого погляду на сучасну соціально-економічну проблематику та не знав практичних засобів її конструктивної розв'язки в Україні.

Треба ствердити, що до проблеми надкласової держави й до самої можливості узгодження інтересів окремих соціальних груп частина суспільної думки ще й тепер ставиться зі скептичним застереженням. Причини цього явища не можна пояснювати лише самими провокаціями московського комунізму та його інтернаціонально-соціалістичними (у нас - радикалсоціалістичними, есерівськими і есдеківськими) відголосками.

Бо поруч із націоналістичними рухами різних народів і їхньою боротьбою за творчу, справедливу, відповідну сучасному розумінню суспільної етики внутрішню солідаризацію націй, на уламках капіталістично-буржуазної демократії жирують різні групи, що використовують гасла націоналізму для своїх антисоціальних цілей. Ці непокликані й підозрілі «націоналісти» виходять переважно із середовища спекулянтів фінансового капіталу, інтернаціональних біржових пройдисвітів, власників земельних латифундій, що використовують хижацьку ренту орендарського капіталізму, безжурних «стригунів» дивідендних купонів на цінності, створені інтелектуальною й фізичною працею інших людей. Свідомо ігноруючи те, що націоналізм - це революція, спрямована не лише на оновлення національного життя, але й на радикальну зміну віджилих і паразитарних соціально-економічних відносин, ці легалізовані гангстери капіталізму часто уподібнюються до націоналізму, проголошують себе його «союзниками» і маніпулюють його конструктивними принципами в деструктивних завданнях соціальної реакції.

В українській дійсності роль згаданих соціальних паразитів, на щастя, вже неактуальна, бо вони з корінням вирвані в часи революції. Щонайкраще, їхні останні рештки знаходяться в еміграції, здобуваючи, щоправда, в останні часи співчуття серед частини найконсервативніших галицьких парафій. Безуспішно вичерпавши всі свої аргументи про «трудову монархію й консерватизм», звівшись на концепціях «божих влад» та інших гетьмансько-клерикальних «енцикліках», вони й собі проповідують націоналістичні теорії надкласовості й національної солідарності, намагаючись словесним жонглюванням замаскувати протинародні наміри «гаспод памєщіков» з берегів Ванзе.

Проте справжня солідаризація й пріоритет збірних інтересів нації можливі для здійснення лише в умовах такої політичної й суспільно-виробничої реконструкції держави, що, спираючись на надкласову сутність націократії, не тільки забезпечувала б регулювання соціально-економічних розбіжностей, але (і це найголовніше) звела б саму їхню можливість і причини до мінімуму (вище ми вже згадували, що цілковите усунення цих розбіжностей немислимо й для націократії; цьому суперечить закон суспільно- виробничої диференціації нації).

На полюсах нашої епохи бачимо дві соціально-економічні системи: приватновласницький капіталізм демократії та державний (або псевдосоціалістичний) капіталізм московського комунізму. Створений вимогами технічного розвитку й ускладненням суспільної структури, класичний капіталізм сформувався на потрійній формулі, що її конкретизували в своїх теоріях Адам Сміт та інші економісти минулого століття: «недоторканій, священній приватній власності», господарській свободі й приватній ініціативі, що стимулюється прагненням капіталістичного зиску. Як бачили ми при розгляді проблем політичної демократії, спочатку капіталізм справді був соціально-корисною, дієвою силою технічного й цивілізаційно-культурного прогресу. Пізніше ускладнення господарського виробництва й розподілу перетворили значну частину капіталістичних принципів в анахронізми, що фатально штовхали самий капіталізм на антисоціальні манівці.

Знесилена в своєму поступі й закостеніла на «високих» («логічних») безчинних гаслах, політична демократія не спромоглася вчасно ці анахронізми скорегувати й лишила події котитися до цілком нелогічного кінця, що проти нього не може тепер не збуритись конструктивний суспільний інтерес, мораль і етика.

Сучасне положення капіталізму замало пояснювати кризою товарного перевиробництва, дефектами обміну і грошового обігу. Існуючий на віджилих, гниючих соціальних підпорках, капіталізм переживає справжню й глибоку революцію, що з господарської площини переходить у суспільно- політичну війну всіх проти всіх.

Доба продукуючого, соціально-корисного капіталу, з творчим розмахом його колишніх «капітанів», що надихала теорії Сміта, скомпрометована анонімним, позбавленим всяких творчих стимулів фінансовим капіталом, що ціль свою бачить в спекуляції штучними символами реальних цінностей на шкоду суспільним інтересам. Приватна власність з засобу добробуту й господарського зміцнення суспільних мас перетворилася в осередок жахливої соціальної нерівності; приватна ініціатива зі збудника господарської діяльності обернулася в анархію виробництва і монополію хижацьких клік; природне бажання людини до зиску вилилось в легалізовані форми експлуатації праці, а сама праця, обернена в «звичайний товар», втратила свій колишній духовний зміст, свою мораль і творчу філософію. Нелогічно прагнути до усунення певних наслідків без усунення причин, що їх породжують. Так само нелогічні спроби поєднання націократичних принципів надкласовості й соціального миру з силами капіталістичної реакції, що створюють суспільний паразитизм і перманентні соціальні антагонізми. Ті, що ігнорують цю логіку, ведуть нечесну гру!

Соціалізм, коли відкинути його неприродній матеріалістичний світогляд, до певної міри правильно викрив антисоціальні дефекти капіталістичного устрою, але сам помилився в своїх висновках. Його спрощена, механічна схема могла дати лише такі наслідки, які ми бачимо на практиці московського комунізму. Комунізм створив у площині суспільно-політичній формою нову, але стару за змістом соціальну нерівність, сполучену з тиранією узурпаторської кліки, а в господарській - незграбну, хаотичну (дарма, що «планову») машину державного капіталізму, що, вбивши всі здорові стимули праці й приватного інтересу, душить країну смертельним пресом визиску, безглуздого експериментаторства та марнотратства народних сил.

Українська націократія свою соціально-економічну політику будує на критичному досвіді й поєднанні старих доцільних елементів із новими формами та завданнями суспільного життя. Внутрішні суперечності капіталізму очевидні; вони з усе більшою силою позначатимуться на анархізації внутрішніх відносин демократії. Проте помилково думати, що всі його засади втратили свою актуальність. Життєздатні принципи капіталізму націократія використовує в зреформованих суспільно-виробничих умовах.

Так вона не заперечує приватну власність, економічну свободу й прагнення господарського зиску. Власність, приватна ініціатива й право на зиск - це проблеми не лише економічні, але й психологічні. Вони є основними, рушійними силами господарського розвитку. Де ці сили паралізовані -там вбивається саме суспільне життя, а з ним і творча відповідальність громадянина. На їхнє місце приходить бюрократична мертвеччина й лицемірне «ханжество», що ховає під брехливою маскою штучно стримуючу людську натуру (наприклад, комунізму).

Але водночас націократія привертає цим рушійним силам їхній втрачений при капіталізмі властивий вміст. Інститут приватної власності, господарську свободу й стимули зиску, що в умовах капіталізму перетворилися в легалізований спекулятивними формулами «божественності» і «економічного лібералізму» засіб хижацького визиску, в монополію панування клік і в аморальне право паразитарного споживання плодів праці інших людей, нічого взамін не продукуючи, вона обмежує твердими рамками творчого обов'язку, встановлюючи рівновагу між авторитетом держави, інтересами цілого суспільства й приватними стимулами господарюючого індивіда. Твердження соціалізму, що приватновласницькі елементи капіталізму мають тенденцію переростати в антисоціальні вияви має підстави в умовах нерегульованого, стихійного характеру соціальних відносин і господарської продукції. Для збереження згаданої рівноваги націократія надає своїй соціально-економічній системі комбінований характерне приватна власність і економічна свобода сполучатимуться зі здійснюваними державою принципами господарського планового контролю й з певними родами колективної (націоналізованої, муніципалізованої та кооперативної) власності там, де вона обумовлюється самим характером господарства.

При розбудові держави націократія стане перед наслідками, які створила на більшій частині наших земель соціальна революція. Абстрагуючись від факту сучасної окупації України ворогами, ці наслідки в жодному разі не можна ігнорувати. Вони виявилися в двох позитивних напрямках: в знищенні чужого приватного фінансового, промислового й аграрного капіталу та в створенні нової суспільно-виробничої структури нашої нації, що характеризується наявністю трьох вирішальних соціальних груп: продукуючої інтелігенції, селянства й робітництва.

Націократія заперечує реставрацію капіталістично- поміщицького ладу в його колишніх формах. Значна шкідливість такої реставрації поглиблювалася б в Україні ще й відсутністю національних капіталів. Вона означала б, насамперед, повернення ворожих націй (наприклад, московсько-польських), визискувачів, вводячи у такий спосіб у національний організм не лише елементи соціального, але й державно-політичного розкладу. Тут, між іншим, ховається одна з причин, чому український націоналізм ставиться з непримиренністю до «орієнтацій» наших змовницьких партій на «союзників» і різних підозрілих інтернаціональних спекулянтів.

Зберігаючи комбінований принцип колективного й приватного інтересу, націократія індустріальний розвиток країни будуватиме на змішаних засадах націоналізованої (тобто удержавленої), муніципалізованої, кооперативної і приватнокапіталістичної промисловості. Націоналізації підлягатимуть, насамперед, вирішальні для господарського розвитку країни та її оборонні галузі, зокрема видобувна, важка, хімічна промисловість, транспорт і т.д. Удержавлення всіх цих родів промисловості, крім їхнього основного значення, обумовлюється низкою важливих причин, котрі тут детально не розглядаємо, а зокрема тим фактом, що якраз тут, в умовах приватно-капіталістичної ініціативи, неминуче виявляються найбільш антисоціальні прояви концентрації капіталу й монополізму, що шкодять суспільним інтересам.

Муніципалізація поширюватиметься на підприємства, що обслуговують певні ділянки комунальних потреб (електричні станції, водотяги, місцева комунікація і т.д.). Натомість більшість ділянок так званої легкої й споживчої промисловості, що продукують готові фабрикати та вироби масового попиту, творитиме при виробничому і соціальному контролі держави поле застосування кооперативної й приватно-капіталістичної ініціативи. Досвід комунізму показав, до яких карикатурних, навіть трагічних наслідків доводять спроби заступити тут творчу роль приватного почину бюрократичним етатизмом!

Наступною на черзі базою господарської самодіяльності буде торгівля. Зосереджуючи в своїх руках монополію у деяких сферах зовнішньої і внутрішньої торгівлі, як також і політику регуляції товарних цін, держава сприятиме розвитку кооперативної й приватновласницької ініціативи при обслуговуванні цієї важливої функції суспільного обміну. Власне тут в сполученні з промисловою діяльністю, знайде собі основу для розвитку конструктивний у своїй соціальній місії кооперативно-приватний національний капітал. Разом із цим держава захищатиме розвиток ремісництва там, де воно не втратило свою суспільно-господарську актуальність.

Принцип приватної власності поширюватиметься й на міські нерухомості, в сполученні з муніципальною й корпоративною власністю. Ангажуючи приватний капітал у обмежені сфери господарської діяльності, націократія не забуває його антисоціальної тенденції припинити своє конструктивне призначення й вливатися в паразитарні форми. Для унеможливлення цього держава координуватиме в своїх руках усі ділянки соціальної й фінансової політики (охорона праці, колективні договори, нормування прибуткового відсотку, емісії, біржа, девізи, чековий і вексельний обіг, податкова система і т.д.), регулюючи зріст і перерозподіл національних багатств в інтересах цілого суспільства.

Аграрну політику націократія будує на ствердженні позитивного факту експропріації капіталістично- поміщицьких господарств в Україні й застосує цей принцип на всі інші терени держави, де ця експропріація ще не відбулася. Поруч з цим підлягатимуть конфіскації й маєтки захищених окупаційною владою чужо-національних колоністів. Вилучення поміщицьких і колонізаторських володінь не підлягатиме викупу; саму таку можливість націократія вважає абсурдною під оглядом національно-політичним (поміщики й колоністи в своїй масі є чужонаціональним московським, польським, румунським і т.д. елементом) і шкідливою під оглядом соціально-економічним. Знесилене окупаціями українське селянство вимагатиме від держави особливо сприятливих умов для свого розвитку; в цих умовах викупні платежі лягали б на нього невиправданим тягарем, являючи собою водночас приховану форму фінансування ворожих Україні паразитарних елементів.

Найбільше відповідною інтересам нації й завданням сучасного сільськогосподарського виробництва формою націократія визнає приватновласницьке-трудове середнє селянське господарство. Розбудовуючи цю аграрну систему й регулюючи мобільність землі в цілях унеможливлення її нової нетрудової концентрації, держава допускатиме й колективні форми землеволодіння та землекористування (трудові спілки, виробничі кооперативи і т.д.) там, де це виправдовуватиметься умовами продукції і виробничими звичками селянства.

Так виглядають основні соціально-економічні підстави націократії. Їхній внутрішній зміст йде по лінії пріоритету збірних інтересів нації й національної солідарності, що найдуть своє здійснення в своєрідній формі організації суспільства. Цією формою є державний синдикалізм.

5. ДЕРЖАВНИЙ СИНДИКАЛІЗМ

Соціальний поділ всередині нації - це гостра необхідність, створювана розвитком суспільно- виробничих відносин. Соціальні групи (або класи, як їх називають) нації - це органічні спільноти, що в кожному історичному періоді надають структурі суспільства конкретних форм і визначають її завдання.

Проблема соціального поділу нації є надзвичайно складною й багатогранною. Її неможливо вирішувати ані методами класової реакції, що намагаються стримати розвиток суспільно- політичних і господарських відносин (як це робить сучасний капіталізм), ані вузькоглядними догмами перманентної класової війни (як це робить комуно- соціалізм). Дійсність свідчить, що капіталізм і комуно- соціалізм проявляються у соціальній площині в однакових по суті, хоч і відмінних у формах, негативних наслідках якраз тому, що обидва вони є, насамперед, класовими концепціями. Занадто захищаючи одну соціальну групу (в першому випадку - буржуазію; в другому - штучно сфабрикований «пролетаріат») коштом життєвих інтересів, а то й існування інших груп, вони унеможливлюють усебічний розвиток суспільного організму, а саму державу й владу перетворюють у знаряддя своїх класових цілей.

Націократія заперечує принцип класової боротьби та право окремих соціальних груп на монопольне панування в державі й на експлуатацію суспільства. Розглядаючи націю як живий, суцільний, хоч і різноманітний в своїх складових частинах організм, вона вирішення соціальних проблем переносить у площину національної солідарності, що, визнаючи пріоритет інтересів нації-держави над інтересами окремих груп, висуває принцип надкласовості. Здійснення надкласової солідарності можливе лише на базі пристосованої до неї господарської системи. Стверджуючи, що ні капіталістичний, ні комуно- соціалістичний устрої не володіють необхідними для цього ознаками, націократія, як бачили ми вище, розбудовує власну господарську систему, де різноманітність стимулів економічної діяльності та інтересів поодиноких соціальних груп погоджується й врівноважується плановим втручанням держави, що паралізує переростання господарських засобів в антисоціальні фактори та регулює справедливий розподіл національного доходу між всіма продукуючими верствами нації.

Однак цього замало. Бо економічна політикам з нею й зверхня роль держави можуть давати корисні наслідки лише тоді, коли саму державу та її владу персоніфікують не класові й узурпаторські кліки (як це бачимо в умовах капіталістичної «демократії» і комуністичної диктатури), а ціле національне суспільство, організоване в формах, що, беручи його за неподільну єдність, водночас рахуються з його органічним, функціональним розподілом на окремі частини (соціальні групи). Цією формою суспільної організації є для націократії державний синдикалізм.

В своїй практичній суті, синдикалізм - це, насамперед, обумовлене розвитком господарської спеціалізації об'єднання людей, зайнятих виробництвом у певній господарській галузі для охорони їхніх професійних інтересів. Вияви професійної організації бачимо вже в середньовічних корпораціях, що в свій час відіграли велику економічну роль в феодальному суспільстві.

Капіталізм і нові ідеї економічного лібералізму стали причиною занепаду корпорацій; вузько-становий, монополістичний характер старого корпоративного устрою вже не міг співіснувати з вимогою «вільної гри» капіталістичних сил. Та згодом антисоціальні тенденції капіталізму, що все загострювалися з розвитком нового класу промислового пролетаріату, породжуючи класову боротьбу, викликали появу нових форм професійних об'єднань: синдикати (звідси назва «синдикалізм»).

Синдикалістичний рух проявився в кількох формах, але найхарактернішим для передвоєнної доби був революційний (або як його ще називають - сорелівський) синдикалізм. В основу своєї програми він поставив солідарність інтересів представників окремих виробничих фахів, прагнучи до об'єднання їх у замкнені від сторонніх елементів професійні робітничі організації (синдикати), відповідно до їхньої господарської діяльності. Ці спілки мали стати основою професійно-виробничого розподілу суспільства в майбутньому синдикальному устрої. Можливість боротьби з капіталізмом і буржуазно-демократичним устроєм революційний синдикалізм бачив у безкомпромісній революційній діяльності. Відрізняючись від соціалізму своїм світоглядом і тактикою (соціалізм - матеріалістичний і опортуністичний; синдикалізм - волунтаристичний і революційний), він, однак, залишився, насамперед, інтернаціонально-класовою концепцією.

Від революційного синдикалізму державний синдикалізм української нації різниться відмінністю світогляду й завдань суспільної реконструкції. Державний синдикалізм заміняє інтернаціонально-класову сутність революційного синдикалізму культом власної нації - держави. Ідеологічні підстави й гіркий досвід пережитих українською нацією «соціалістичних» експериментів вказують йому, що розв'язка соціальних проблем лежить не в класовій боротьбі і не у видуманих (а у своєму реалізмі - хижих і спекулятивних) інтернаціональних догмах, а лише в духовній, моральній і виробничій єдності всіх соціальних груп нації та їхній колективній відповідальності за її розвиток і майбутнє. Революційний синдикалізм бачить своє завдання в об'єднанні й захисті інтересів окремих професійних груп, що мають творити автономні господарські організми у вигляді синдикатів, розпорошуючи у такий спосіб державу й розкладаючи її на ряд атомів. Натомість синдикалізм націократії, вважаючи державу основою політичного й економічного розвитку національного суспільства, своїм устроєм ще більше скріплює її монолітність, бо перетворює окремі, об'єднані в синдикатах соціальні групи в організми, що стають нерозривними, функціональними частинами самої держави, керуючи нею та контролюючи її діяльність в інтересах цілої нації.

Державний синдикалізм розглядає всіх членів суспільства як виробників певних цінностей.

Не класові та маєткові привілеї, не абсурдні пережитки старого правового й морального укладу, а лише виробнича функція індивіду й груп стає вирішальною в означенні їхньої ролі в суспільстві. Обумовлена сучасною структурою суспільства соціальна мораль не може толерувати, щоб на його організмі продовжували жирувати відмираючі, безчинно-споживаючі, паразитарні клітини коштом використання й розвитку молодих, здібних сил. Відкидаючи спекулятивну мораль капіталістичної демократії, що демагогічними гаслами маскує визиск, нерівність і стихії ненависті, як також і примітивне «споживче» варварство комуно-соціалізму, державний синдикалізм будує свій устрій на здоровій етиці, конкретизованій на засаді «продукт праці належить працюючим», на принципі органічності суспільства й на виробничому обов'язку всіх його груп, що єдино зумовлює їхні права на матеріальний еквівалент і суспільно-політичне значення в державі.

В умовах капіталістичної демократії безпосереднім, керуючим чинником державного й економічного життя є не організовані згідно з професійним принципом соціальні групи, а лише партії. Претендуючи на представництво інтересів цих груп, партії є по суті найпарадоксальнішим виявом викривленої структури капіталістичного, здеформованого суперечностями й виробничою анархією суспільства. Творячи собою його дивовижну надбудову, організовану не на органічному принципі виробничого розподілу, а лише на підставі «політичних переконань», ці партії найчастіше стають деструктивним знаряддям «вільної гри» капіталістичних відносин і «закамуфльованими» теоріями «свободи-рівності» егоїстичних групових інтересів.

Націократія «вільну гру» виробничої анархії змінює господарським планом; хаос своєкорисливих «політичних переконань» - суворою повинністю служби нації-державі та визнання її зверхнього авторитету, а дармоїдство надмірних аматорів «свободи-рівності» зрівноважує примусом обов'язку. Соціальний зміст нації визначають насправді не «монархісти», «консерватори», «республіканці», «клерикали», «демократи», «ліберали», «радикали», «соціалісти», «комуністи» і т.д., а лише її продуктивні групи; ці останні беруть синдикалізм націократії за основу свого суспільно-політичного й економічного устрою, перетворюючи саму державу в спілку працюючих, де кожний громадянин і соціальні колективи співпрацюють на означених їхньою функцією місцях для досягнення загально-духовного й матеріального розвитку цілої нації-держави.

Випливаюча з сучасної суспільно-виробничої структури нашої нації економічна система націократії, що базується на комбінованій взаємодії державного, муніципального, кооперативного й приватного капіталу під плановим господарським керуванням і соціальним контролем держави, обумовлюватиме й організаційні форми синдикального устрою. Всі органічні клітини суспільства (виробничі групи) будуть організовані в синдикати (спілки) відповідно до своєї праці, професій і господарських функцій. Основними групами, що репрезентуватимуть у синдикатах інтелектуальну й фізичну працю нації, є: продукуюча інтелігенція, поділена на різні фахові підгрупи (вчені, техніки, педагоги, літератори, лікарі, службовці і т.д.); робітництво всіх родів промисловості й транспорту різних виробничих категорій; селянство та сільськогосподарське робітництво; ремісництво; власники промислових і торговельних приватних підприємств тощо.

Організувавши представників конкретних фахів і професій на місцях (в містах, промислових і сільських осередках), синдикати окремої виробничої категорії сполучатимуться згідно з адміністративно-територіальним поділом держави і принципом вертикальної централізації у вищі об'єднання - синдикальні союзи. Так, наприклад, професія лікарів матиме місцеві синдикати, що об'єднуватимуться далі в повітові й краєві союзи, аж до загальнодержавного «Центрального Союзу Синдикатів Лікарів». Подібно твориметься «Центральний Союз Синдикатів Робітників Гірничої Промисловості» і т.д. Синдикати та їхні союзи в своєму внутрішньому устрої користуватимуться відповідними автономними правами (вибір керуючих органів, членська ініціатива тощо). Ця автономність має забезпечити об'єднаним у них виробничим групам суспільства спроможність здорової самодіяльності, а самі синдикати перетворювати в школу національно- політичного, громадського й професійного виховання членських мас. Але, опікуючись самодіяльним розвитком синдикатів, націократія водночас вводить їх як складові елементи в державний організм і підпорядковує їх керуючому контролю держави. Цей право-публічний зміст синдикатів надає їм державний характер (звідси й назва - державний синдикалізм, на відміну від неорганізованих, вузько-класових синдикатів капіталістичного правопорядку).

В умовах капіталістичної демократії, праця - це лише «товар», що підкоряється бездушним законам «попиту-пропозиції». Цим своїм обрубленим змістом вона стає для мільйонів людей прикрою, а то й ненависною необхідністю, що обумовлює фізичне, безглузде існування. Синдикалізм націократії повертає праці людини її втрачений духовний і цільовий зміст. Всіх виробників-громадян він ставить у становище спів-творців, співгосподарів вироблених цінностей, що перейняті пафосом свого конструктивного обов'язку, переконанням важливості своєї суспільної функції та гордою свідомістю: «Держава - це я».

Саме організоване в синдикатах суспільство стане вирішальним, керуючим чинником соціально- економічного життя держави. Узгодження інтересів окремих суспільних груп, захист інтересів праці, колективні договори, свідома керуюча участь і матеріальна зацікавленість робітників у виробництві підприємств, соціальне законодавство, справедливий перерозподіл національного доходу і, нарешті, планове визначення чергових завдань народного господарства в цілому і в окремих його частинах - всі ці проблеми, що в умовах капіталістичної анархії й комуністичної диктатури викликають чи відверту класову боротьбу, чи стихію здушеної терором соціальної ненависті, солідарно вирішуватиме саме об'єднане в синдикатах суспільство. Синдикальний устрій стане лабораторією соціально-економічного життя нації.

Ці завдання виконуватимуть створені на паритетних підставах із представників різних категорій синдикатів Господарські Ради.

Функціонуючи на різних ступенях адміністративно- територіального поділу держави, вони матимуть своє завершення у Всеукраїнській Господарській Раді, що в характері державної установи буде дорадчим органом при законодавчій і виконавчій владі держави.

Навіть більше. Забезпечуючи свою надкласову суть, націократія відкидає участь політичних партій у державному управлінні. Свій державний устрій вона будує на поєднанні колективної волі національного суспільства та його конструктивній самодіяльності зі зверхнім авторитетом нації-держави. Як побачимо далі, державний синдикалізм являтиме собою важливий політичний чинник цього устрою.

З вищенаведеного нарису державного синдикалізму випливає гармонізуюча сутність націократії:

стоячи на засаді неподільної єдності нації, вона водночас рахується з органічністю її поділу на окремі складові та пов'язує ці останні функціональною залежністю знову в єдність, реалізуючи у такий спосіб свій зміст режиму панування цілої нації у власній державі.

6. НАЦІОНАЛЬНА ДИКТАТУРА

Свою визвольну боротьбу український націоналізм базує на національній революції. Її зміст, методи й завдання він виводить із сучасного стану розшматованої поміж кількома окупантами української нації. Для українського націоналізму є аксіомою, що доки не буде змінене сучасне становище нашої нації, доти її розвиток та існування будуть під загрозою. Ніякі угодовські автономістські й федералістські компроміси, ніякі легкодухі «орієнтаційні» лавірування перед тим чи іншим окупантом не врятують Україну перед імперіалістичною навалою її історичних ворогів. Закон її буття полягає тепер тільки в непримиримій боротьбі за свою державну самостійність і соборність. Це історичне завдання через послідовні етапи підготовки визвольної боротьби, збройного здобуття й впорядкований самостійної держави здійснить національна революція.

Національна революція - це не однобока революційна «техніка», що в своїй «критиці всіх і всього» не має ніякої програмово-конструктивної концепції (такі твердження про революційний націоналізм поширює наша партійна угодівщина).

Пряма революційна дія для організованого націоналізму є лише одним із засобів сучасної фази визвольних змагань, що створить політичні й психологічні передумови для розгортання революції у всій її внутрішній глибині й програмній ширині. Зміст національної революції не обмежується до безпосередньої бойової дії; її завдання не обмежиться вирішальним, збройним повстанням нації для здобуття державності. Бо й після здобуття самостійності в Україні певний період проявлятимуться в різних сферах духовного й суспільного життя негативні наслідки сторічного поневолення, що вимагатимуть здійснення відповідних оздоровлюючих заходів. Для цього націоналізм включає в програму національної революції далекоглядні державотворчі ініціативи, що змогли б всебічно зміцнювати розхитаний окупаціями організм нації, невпинно збільшувати її зростаючі сили й здібність змагатись за право свого розвитку й тоді, коли Українська Держава вже існуватиме. Універсальна суть, динамізм і мораль українського націоналізму не лише покликають його до ролі чинного борця за волю нації, але й прирівнюють до монопольної місії конструктивного реформатора цілого її змісту та існування. Ця його реформаторська місія, владно сягаючи в усі ділянки духовного й матеріального життя нації, закладена в національну революцію. Ця остання реалізовуватиме свої програмові завдання і в умовах існуючої державності, хоч, очевидно, їхній характер і методи здійснення будуть відмінні в перехідних і завершальних етапах.

Отже, національна революція - це внутрішній, тривалий у часі та різноманітний у своїх проявах, ідейний, духовно-вольовий, визвольно- політичний і державотворчий процес української нації, спрямований до її звільнення, скріплення, впорядкування та забезпечення для неї гідного існування.

Вирішальною фазою революції, що обумовить її подальше конструктивне завершення, буде пристосований до відповідних обставин збройний виступ української нації проти окупантів. Його наслідки залежать, насамперед, від всебічної підготовки власних сил нації, які націоналізм вважає головним джерелом діючого й організуючого розгортання революції. Серед нашої легкодухої, спекулятивної партійщини націоналістичне гасло власних сил не користується популярністю. Його вона вважає «фантастичною орієнтацією на вісімнадцятий туман», і горда за свій «реалізм», що розгублюючись через щохвилинну зміну чужих політичних барометрів, стрімголов летить на ворожі сили, що загрожують Україні новою катастрофою. Крім того, український націоналізм у своєму покладанні на власні сили нації є наскрізь реалістичний. Борючись з катастрофічними орієнтаціями на історичних ворогів, він не відкидає сприятливої чужої підтримки у визвольних змаганнях, пам'ятаючи, однак, що навіть і така допомога приносить користь лише тому, хто має й власну силу її використати відповідно до своїх інтересів.

Серед явних зовнішніх і внутрішніх кон'юнктурних обставин не відбуватиметься збройна боротьба з окупантами - одне є безсумнівне: ця боротьба буде важка, кривава і жорстока. Своєю тактикою полохливого страуса легально-партійна угодівщина сподівається виторгувати перемогу з найменшою втратою власних зусиль і «безглуздих жертв». Марні надії: в тій грізній труднощами й небезпеками добі перемога здобудеться лише ціною надзвичайно- натхненним жертовним поривом - напруженням всіх сил нації, зорганізованої на такій устроєво-політичній системі, що, окрім своєї революційної тимчасовості, була б здатна спонукати маси до боротьби, втримати їх у потрібний час в мобілізаційному напруженні та забезпечити наші переможні наслідки всенародного зриву. Цю устроєву систему в перехідному етапі революції націоналізм будує на принципах національної диктатури.

Режим національної диктатури відкидає провідну участь політичних партій з їхніми вузькими інтересами у процесах революції. Таке становище організованого націоналізму до партій, груп і центрів, або інакше кажучи - до цілого орієнтаційно- угодовницького табору, обумовлюють тактичні й засадничі причини. Розгляд ідейного змісту, психології, моралі й політики цього табору стверджує його шкідливість для планомірного розгортання революції. Схильний лише пасивно пристосовуватися до створюваних окупантами умов, не здатний до активності й провідної місії, поглинений суперечностями й груповим егоїзмом, він ніколи не прийме націоналістичної концепції визвольної боротьби та не підтримає її. Після вже здобутої перемоги певні елементи угодовницького табору поринуть в національну роботу й зможуть, навіть, бути корисними в її різнорідних ділянках. Але не тепер і не тоді, коли боротьба відбуватиметься в «непевних» обставинах.

Свідомість цього перекреслює наївно- обивательські мудрування на тему створення спільного фронту революційного націоналізму з легалістськими партіями на засадах національної солідарності й у вигляді «всеукраїнських конгресів» для боротьби з зовнішніми ворогами. Ідеологічна сутність, націократична концепція й визвольний напрям націоналізму є тими факторами, що солідаризують на національному ідеалі всі органічні складові нації в одну духовно- політичну цілісність. Національна солідарність стає натомість абсурдом, коли в існуючих умовах хочемо її застосувати до наших партій, що самою своєю природою й політичною діяльністю творять джерело партикулярного розкладу та заперечення національної єдності. Помиляються ті, хто від «об'єднання» націоналістів із уенерівцями, гетьманцями, ундівцями, соціалістами і т.д. сподіваються на підвищення нашої зовнішньої обороноздатності. На ділі така неприродна спільність загрожувала б лише послабити визвольний рух, розпорошуючи силову й моральну потужність самого націоналізму. Його ідейний, безкомпромісний, бойовий порив міг би бути тоді обезкровлений отрутою угодівської псевдологіки й спекулянства.

Вирішальним є те, що націоналізм - це не хитка партійна теорійка; це універсальний і непримиримий у своїй внутрішній рації світогляд, «Погоджувати» його з кимсь методами «конгресових дискусій» і балагану немислимо. Сила націоналізму - в його фанатичній вірі у власну правду, в тій послідовності, що нерозривно пов'язує його принципи й теорії з методами діяльнісного застосування їх до життя. Поєднання ідеологічної та визвольної позиції націоналізму з політичною тактикою «всеукраїнських конгресів» було б для нього рівнозначне самогубству і перетворенню його твердих, високих постулатів у теорії в жалюгідну та лукаву опортуністичну комедію в практиці.

Коли партії взагалі є неорганічним для націй плодом хворобливих соціально-політичних відносин, котрі створили капіталізм і демократія, то в наших умовах їхній штучний характер виявляється ще з більшою виразністю. Українські партії не відображають ані колективних національних інтересів, ані процесів соціальної диференціації нації навіть утій мінімальній мірі, як це бачимо в умовах європейської парламентарної демократії. Ми часто забуваємо, що всі вони (і на українських землях, і в еміграції) - це лише кілька сотень ізольованих від народних мас інтелігентських «політфахманів»; власне ця цілковита відірваність наших партійних гуртків і «центрів» від народу та його змагань обумовлює всю шкідливість і безпринципність їхнього політикування. Хто в цих умовах говорить про «солідаризацію» націоналізму з цими рештками нашого болючого «вчорашнього дня» - той виявляє цілковите нерозуміння й завдань націоналізму, і обставин визвольної боротьби!

Концепцію національної диктатури весь партійницький табір зустрічає істеричним криком і провокаціями, ніби українські націоналісти («фашисти») хочуть «поневолити народ». Це й зрозуміло! Він знає, що національна диктатура - це сигнал його безславної смерті. Борючись за своє існування, він мобілізується в момент, коли на терези долі буде кинуто життя нації, знову відновити страхіття партійної анархії в сумному стилі кам'янецько-тарнівських «демократи-чних» і «соціалістичних» міністерств. Окрім того, спротив історичних ворогів, їхні небезпечні впливи серед певних, вже деморалізованих і асимільованих окупаціями прошарків українського населення, неминучі вияви внутрішньої анархії, що намагатимуться розкладати зрушені до дії маси - все це вимагатиме твердого режиму національної диктатури, що, відкидаючи м'якотілі групові «коаліції» й спекулятивні, несвоєчасні «голосування», мав би авторитет, спроможність і силу вхопити в залізні руки кермо подіями, здушуючи всі відцентрові процеси революції.

В цих подіях вирішуватимуть не партійні секретарі й спекулятивні «очковтирачі». Опорою диктатури буде ударний, бойовий легіон революції - організований націоналізм, що черпатиме свої сили з безпосереднього джерела: з народу і його нової провідної верстви - еліти. Приналежність до цієї провідної верстви обмовлятиметься не класовими й становими ознаками (як це бачимо в комунізмі й капіталістичній буржуазії) і не «партійними переконаннями» (як цього бажали наші політикуючі інтелігенти) - лише національною посвятою, здоровим духом, твердими характерами, активністю й якісними творчими властивостями її представників. Наші «радикальні» та інші соціалісти на процес творення цієї нової провідної верстви задивляються з підозрою. По старому прив'язані до демагогічного есерівського «культу» замурзаних пик, немитих лап, освіти «не вище фельдшерської», нарочитої хамської розперезаності й загального кацапства, що мають, мовляв, характеризувати «справжнього сина народу» - вони в цій верстві добачають нове «панство».

На ділі націократія хоче бачити українську націю великою, культурною, передовою. Вона не знижується до примітивізму маси - лише підносить її в духовному, культурному, цивілізаційному і матеріальному поступі. Без здорового, конструктивного проводу, нормальне існування нації немислиме. Солідаризуючи на принципах надкласової соціальної справедливості й у формах націократії всі корисні під суспільно- виробничим оглядом складові нації, націоналізм знайде в них активний фермент для творення провідної верстви, в цей спосіб органічно вростаючи в найглибші прошарки народу.

З початку диктатура матиме революційно-військовий характер з усіма випливаючими з нього висновками. Її опорою буде створена в процесі революції мілітарна сила нації й національно- революційні організації, що опанують під керівництвом загального проводу місцеві органи державного управління, громадські установи, професійні союзи й спілки, господарські підприємства і т. д. Згодом, після закінчення збройної фази національної революції, диктатура повільно переключатиметься на громадську базу. В цьому етапі її завдання полягатимуть в остаточному закріпленні наслідків здобутої перемоги й підготуванні загальних умов переходу нації до нормального націократичного устрою, що замінить собою цілющий режим диктатури. Покладаючи на диктатуру надзвичайні історичні завдання в переконанні, що лише вона зможе їх виконати, націоналізм водночас усвідомлює небезпеку її самоконсервації й застарілості, коли вона стає ціллю для самої себе... На відміну від інших авторитарних концепцій, він визнає диктатуру не за незмінний принцип, а лише за виправданий доцільністю тимчасовий метод. Зберігаючи потрібні елементи авторитарності й монократизму й в умовах постійного державного ладу націократії, націоналізм водночас єднав їх зі здоровими формами громадської самодіяльності й участі самого суспільства в державному керівництві.

7. ПОСТІЙНИЙ ДЕРЖАВНИЙ ЛАД

Постійний державний лад націократії буде результатом визвольних і підготовчо- реконструктивних зусиль національної диктатури, та означатиме перехід нації до кінцевих, завершальних етапів національної революції.

Нас можуть запитати: на кого «орієнтуються» націоналісти - на монархію чи республіку? Гадаємо, що весь попередній виклад підготував вже читача до відповіді на це питання. В сучасності монархічні й республіканські устрої взагалі значною мірою втратили ті риси й прикмети, що раніше суттєво різнили їх між собою. Вибір між монархією і республікою можна хіба розглядати під таким, доволі спрощеним кутом: чи хочемо володаря, що стає сувереном нації на підставі успадкованого права й спирається на привілейовану верству родової аристократії (бо принцип успадкування влади нерозривно пов'язаний з культом «блакитної крові» і становими привілеями, хоч би як не старалися наші гетьманці маскувати цей закон дивовижними й нещирими «трудово-монархічними» теоріями) чи національного проводу, що висувається на роль керівника на підставі його власних кваліфікацій і опертого на цілу суверенну націю?

Націократія обирає останнє. Вже самий її випливаючий з ідеології націоналізму суспільно- філософський зміст, що визнає волю, творчість і якісні прикмети людської індивідуальності за вирішальні фактори громадсько-політичного життя, не уживається з принципом механічного права людини на зверхність, обумовленого лише самим випадковим фактом її народження (успадкування влади). Соціальній моралі націократії чужа також родова кастовість і привілейованість; її критерієм є конструктивна, виробнича цінність громадянина, що єдина зумовлює його провідну роль в суспільстві, без огляду на «вище» чи «нижче» фамільне походження.

Сам монархізм для українських історичних умов завжди був чужий і неорганічний; в нашій же сучасності й майбутньому він просто стає абсурдом. Монархічні теорії наших гетьманців залишилися наскрізь штучним копіюванням чужих, західноєвропейських роялістських ідей, густо приправлених соусом московсько-польських «консервативних» анахронізмів. Це перетворило гетьманську течію в звичайну соціальну реакцію, що всупереч логіці та інтересам української нації і в згоді з московсько-польськими реакційними елементами прагне до реставрації капіталістично-поміщицького ладу на базі федеративного «Союзу Трьох Русей».

Націократія є республіканська. Але її конституційна структура суттєво різниться від класичних зразків політичної демократії, що існує на виборчій фікції «влади більшості», репрезентованої в парламенті однією чи кількома партіями. Центр демократії лежить у партійному парламенті, що поглинає в собі й дезорганізує розбіжністю своїх класових і політичних намагань основу всякої державної системи - владу.

В нарисі про демократію ми зазначали, до яких фатальних наслідків приводять ці властивості парламентаризму навіть ті країни, де він має за собою велику історичну традицію. До того ж, згубними й безнадійними є спроби насадження режиму партійно-парламентарної демократії в Україні. Самі по собі негативні прикмети парламентаризму тут посилювалися б додатковими причинами: цілковитим браком парламентарних традицій, фіктивністю наших партій і створеними революцією особливостями суспільно-виробничої структури України.

Московський напівфеодальний і абсолютистський царат гальмував соціально-політичну диференціацію суспільства (як це було в умовах західного демоліберализму) і через те партії перетворювались у відірвані від мас гурти інтелігентів-сектантів. Ці риси характеризували й партії в Україні. Штучно створені в обмеженому середовищі західноєвропейськими доктринами, всі вони водночас носили на собі тавро «загальноросійських» політичних і культурних ідей. Партії на Західній Україні зі свого боку були об’єктами польських і німецьких впливів. Певну національно- культурну роботу наших партій у минулому годі заперечити. Але жодна з них за своїм ідеологічним змістом й політичними впливами не була й не могла бути конструктивним чинником державної незалежності й суспільної організації української нації. Це наочно підтвердили події 1917-20 рр., коли всі без винятку українські партії зазнали банкрутства й компрометації. В сучасності комунізм знищив в Радянському Союзі всі партійні угруповання. На Західній Україні партії, щоправда, існують, але жодна з них не має всеукраїнського значення. Годі сподіватися, щоб ці локальні й деморалізовані в умовах окупації ундоклерикально-радикальні гурти, навіть підсилені (як «всеукраїнські конгреси») партійними рештками з еміграції, могли в майбутньому стати здоровою основою державно-політичної організації України! Виникає парадокс: режим політичної демократії базується на партіях, але їх у нас фактично немає. Для цього довелося б хіба що ці партії штучно творити, інсценізуючи в цей спосіб парламентаризм.

Устрій парламентарної демократії пов'язаний із приватнокапіталістичними відносинами й політично-економічним лібералізмом. Крім того, в більшій частині України державний капіталізм більшовизму значно змінив виробничу систему українського господарства і прискорив диференціацію суспільства на виробничо-професійній основі. Хоч загальна спадщина комунізму буде виправлена, проте соціально-економічний розвиток України матиме відмінний від Заходу характер і спиратиметься на комбінованій системі державного, суспільного (муніципально-кооперативного) й приватного капіталізму, при плановому керуванні й контролі держави. Цей регулятивний характер національного господарства виключатиме класичний лібералізму з ним і партії як фактори господарсько-політичного керування держави. Місце партій у державних органах займуть організовані на професійному принципі соціальні виробничі групи (синдикалізм).

В цьому й полягає ідея державного синдикалізму: опосередковане заступництво інтересів окремих груп населення через штучні й антагоністичні партії та партійки він замінює безпосередньою й солідарною репрезентацією загальних і часткових інтересів нації через її органічні складники (соціально-виробничі групи).

Отже, націократія нехтує партійно-парламент-ською організацією демократії. Як у періоді національної диктатури, так і в умовах постійного державного ладу партії не існуватимуть. Це стано-вище наші партії називають замахом на «народну свободу»? На ділі націократія заступає здорові (ство-рені самою таки демократією, хоч і зневажені її ж політичною практикою) принципи рівності громадян перед законом, особистих і суспільний прав та спів-праці, влади й народу в керуванні державою. Але, на противагу демократичному хаосу та його культу «прав без обов'язків», вона ці необхідні елементи правової держави розставляє в точно означені інтересами нації місця й межі. Про це свідчить її система, що її тут подаємо в схематичному нарисі.

Ця система не є так званою «поліційною держа-вою», що послуговується гнітючим тиском урядни-цького централізму та, зв'язуючи всяку громадськополітичну творчість, залишає населенню лише послух і механічне виконання адміністративних приписів. Сильна своїм авторитетом і стабільністю націократична влада, зосереджуючи в своїх руках кермо, оборону й лад держави, водночас забезпечуватиме під своєю зверхністю широкі можливості самодіяльності населення в найважливіших для історичних українських умов формах громадської самоуправи. Не в партіях і не в політичних сектантських гуртках, а власне тут, в органах місцевої самоуправи (як і в синдикалістичних організаціях), народні маси знайдуть для себе школу громадської творчості та національно-політичного виховання, виокремлючи з себе нову провідну й органічно пов'язану з ними верству досвідченого суспільства: організаторів, господарників і державних діячів.

Українська Держава за адміністративним розподілом, що враховуватиме природні, історичні, політичні, економічні і стратегічні властивості окремих районів нашої великої території, поділятиметься на краї, повіти й громади (міські, містечкові, сільські), що матимуть свої органи самоврядування та у межах встановлених законами компетенцій керуватимуть місцевими публічними справами. Система самоврядування в повітах і громадах знайде своє завершення в краях. Краї матимуть власні представницькі органи - Крайові Ради та уряди. Крайові Ради будуть складатися з послів, обраних на певний термін у відповідній кількості від кожного повіту. Вибори до органів самоврядування відбуватимуться на засадах прямого, загального, рівного й таємного голосування. Кожна виборча округа обиратиме означене число кандидатів релятивною більшістю голосів.

На всіх рівнях адміністративного поділу держави (в краях, повітах і громадах) існуватимуть також загальнодержавні адміністративні, господарські та інші установи, що, не створюючи шкідливого паралелізму в функціях та компетенціях із місцевим самоврядуванням, виконуватимуть своє призначення під безпосереднім керуванням державного уряду. Представниками державного уряду в окремих краях та їхніми повноважними зверхниками будуть крайові керівники, що стоятимуть на чолі місцевої державної адміністрації й автоматично будуть Головами Крайових Рад, пов'язуючи собою три елементи державного управління: уряд, контроль й громадську самодіяльність.

Загально-державною законодавчою установою буде Державна Рада. Як і в органах самоврядування, посли до Державної Ради обиратимуться прямим, загальним, рівним і таємним голосуванням в означеній кількості від кожної виборчої округи. Кандидатів до Державної Ради визначатимуть у виборчих округах синдикати та їхні Господарські Ради. Складені ними реєстри передаватимуться на голосування населенню виборчої округи. Вибори кандидатів вирішуватимуться порівняльною більшістю голосів.

Як бачимо, ця система суттєво відрізняється від зразків і демократії з її анархічною виборчою боротьбою, і італійського фашизму, що є надто централістичним у формуванні законодавчих установ. Усуваючи боротьбу виборчо-партійних клік і запроваджуючи контроль, націократична система ставить водночас Державну Раду в безпосередній зв'язок з народом, передаючи її формування його об'єднаним у синдикатах соціальним групам. Ці державно-політичні компетенції синдикатів разом з їхніми соціально-економічними функціями (місцеві й Всеукраїнська Господарська Рада) перетворюватимуть державний синдикалізм у становий хребет і головний нерв цілого націократичного устрою.

На чолі Нації й державної організації стоятиме Голова Держави. Це не буде ані диктатор, що тримається силою наближених клік, ані підконтрольний «репрезентативний» президент демократичної республіки. Це буде Вождь Нації, найкращий із найкращих її синів, що силою загальної довіри нації та правом своїх внутрішніх властивостей триматиме в своїх руках владу Держави. В ньому концентруватиметься авторитарна суть націократичної держави, що сполучає в собі здорові елементи монократизму й відповідальності.

Голову Держави обиратиме на 7 років Національний Збір, скликаний для цієї мети, що складатиметься з Державної Ради, Всеукраїнської Господарської Ради, представників синдикатів і Краєвих Рад. Голова Держави керуватиме країною, репрезентуватиме її назовні, буде Верховним Вождем її збройних сил, матиме право законодавчої ініціативи, розпуску Державної Ради і «вето» її ухвал на визначених конституцією підставах. Він буде водночас Головою Державного Уряду і своєю владою призначатиме Державних Секретарів (міністрів) як із складу

Державної Ради, так і з-поза неї. Державні Секретарі відповідатимуть за свої Секретаріати не перед Державною Радою, а перед Головою Держави, і йтимуть із своїх постів після його наказу. Державна Рада матиме лише право, в обсягу доручених їй конституцією справ, ставити Державних Секретарів за порушення перед Найвищим Державним Судом, що обиратиметься разом із Головою Держави Національним Збором.

Отже, Голова Держави своїми компетенціями усуватиме розбіжності, котрі створює політична демократія своєю «священною» засадою розподілу законодавчих і виконавчих влад, та забезпечуватиме цим владам правильну взаємодію. Найвищому Суду належатиме контроль непорушності конституції, конституційної правильності виданих законодавчими і виконавчими органами ухвал і касаційний перегляд усіх інших судових справ. Відповідно організовані краєві, повітові й міські Суди забезпечуватимуть правомірність у державі.

Так в основному виглядатиме постійний державний лад нократії. Україна буде авторитарною й унітарною, але належною мірою й децентралізованою республікою, що усіма елементами свого устрою відповідатиме сутності нократії, як режиму панування цілої нації у власній державі.

Залишається ще одне питання: яке місце в цій державі займе організований націоналізм? Чи не перетвориться він, скасувавши всі партії, сам у партію, що «захопить усі посади» (обставина, через яку найбільше засмучуються наші партійні «народолюбці»)? Ні, не перетвориться! Суцільне, інтегруюче, світоглядне й політичне єство націоналізму не має нічого спільного з поняттям партії, явищем неминуче частковим й диференціюючим цілісність. Не панування над нацією, лише панування самої нації - ось місія, яка стоїть і стоятиме перед організованим націоналізмом. Виростаючи з глибин народу, покриваючи своїм узагальнюючим змістом ціле його життя, націоналізм стане вартовим і будівничим нації, її провідним авангардом, що виховуватиме маси і спрямовуватиме їх до творчості на підставі гасла націократії:

«Праця, самодіяльність, дисципліна!».

GENERAL CARL VON CLAUSEWITZ

ON WAR

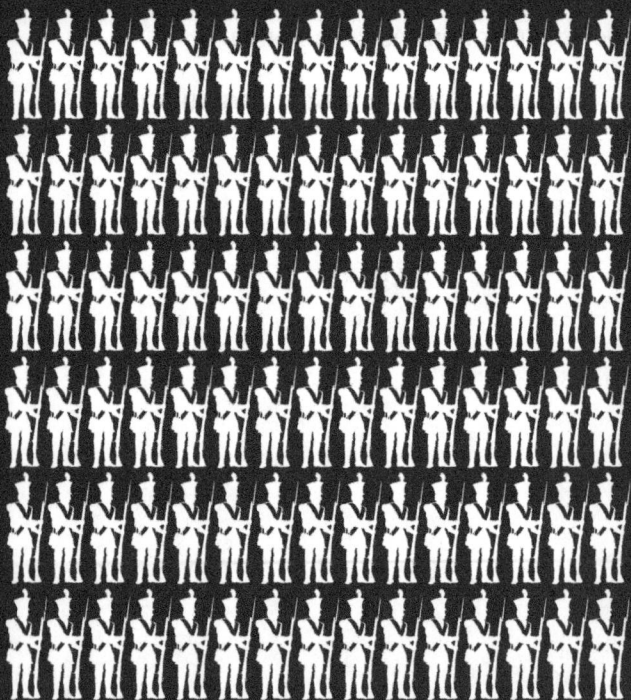

www.svarog.nl

www.ingramcontent.com/pod-product-compliance
Lightning Source LLC
Chambersburg PA
CBHW070927030426
42336CB00014BA/2565